Theodor Fontane

Wo sich Herz zum Herzen findt

Wo sich Herz zum Herzen findt

Das Fontane-Brevier

Ausgewählt von
Jan Strümpel

Anaconda

Die Deutsche Nationalbibliothek verzeichnet diese Publikation in der Deutschen Nationalbibliografie; detaillierte bibliografische Daten sind im Internet unter http://dnb.d-nb.de abrufbar.

Umschlagmotiv: »Elegant hairstyle« (vintage engraved illustration)
aus: *La mode illustrée*, hrsg. von *La Librairie de Firmin-Didot et Cie* (1882)
Umschlaggestaltung: www.katjaholst.de
Satz und Layout: Roland Poferl Print-Design, Köln
Printed in Czech Republic 2019
ISBN 978-3-7306-0790-9
www.anacondaverlag.de
info@anacondaverlag.de

Inhalt

Meine Kinderjahre

Unsere Ruppiner Tage

Am 27. März 1819 waren meine Eltern in Ruppin eingetroffen; am 30. Dezember selbigen Jahres wurde ich daselbst geboren. Es war für meine Mutter auf Leben und Sterben, weshalb sie, wenn man ihr vorwarf, sie bevorzuge mich, einfach antwortete: »Er ist mir auch am schwersten geworden.« In dieser bevorzugten Stellung blieb ich lange, bis nach achtzehn Jahren ein Spätling, meine jüngste Schwester, geboren wurde, bei der ich Pate war und sie sogar über die Taufe hielt. Das war eine große Ehre für mich, ging aber mit meiner Dethronisierung durch eben diese Schwester Hand in Hand. Als jüngstes Kind rückte sie selbstverständlich sehr bald in die Lieblingsstellung ein.

Ostern 1819 hatte mein Vater die Neu-Ruppiner Löwen-Apotheke in seinen Besitz gebracht. Ostern 1826, nachdem noch drei von meinen vier Geschwistern an eben dieser Stelle geboren waren, gab er diesen Besitz wieder auf. Dieser frühe Wiederverkauf des erst wenige Jahre zuvor unter den günstigsten Bedingungen, man konnte sagen »für ein Butterbrot«, erstandenen Geschäfts wurde später, wenn das Gespräch darauf kam, immer als verhängnisvoll für meinen Vater und die ganze Familie bezeichnet. Aber mit Unrecht. Das »Verhängnisvolle«, das sich viele Jahre danach – glücklicherweise auch da noch in erträglicher Form, denn mein Papa war eigentlich ein Glückskind – einstellte, lag nicht in dem Einzelakte dieses

Verkaufs, sondern in dem Charakter meines Vaters, der immer mehr ausgab, als er einnahm, und von dieser Gewohnheit, auch wenn er in Ruppin geblieben wäre, nicht abgelassen haben würde. Das hat er mir, als er alt und ich nicht mehr jung war, mit der ihm eigenen Offenheit viele, viele Male zugestanden. »Ich war noch ein halber Junge, als ich mich verheiratete«, so hieß es dann wohl, »und aus meiner zu frühen Selbständigkeit erklärt sich alles.« Ob er darin recht hatte, mag dahingestellt sein. Er war überhaupt eine ganz ungeschäftliche Natur, nahm ihm vorschwebende Glücksfälle für Tatsachen und überließ sich, ohne seiner auch in besten Zeiten doch immer nur bescheidenen Mittel zu gedenken, der Pflege »nobler Passionen«. Er begann mit Pferd und Wagen, ging aber bald zur Spielpassion über und verspielte, während der sieben Jahre von 1819 bis 26, ein kleines Vermögen. Der Hauptgewinner war ein benachbarter Rittergutsbesitzer. Als mir dreißig Jahre später der Sohn dieses Rittergutsbesitzers eine kleine Summe Geld lieh, sagte mein Vater: »Das stecke nur ruhig ein; sein Vater hat mir ganz allmählich zehntausend Taler in Whist en trois abgenommen.« Vielleicht war diese Zahl zu hoch gegriffen, aber wie's damit auch stehen mochte, die Summe war jedenfalls bedeutend genug, um sein Credit und Debet außer Balance zu bringen und ihn, neben andrem, auch zu einem sehr säumigen Zinszahler zu machen. Dies wäre nun, unter gewöhnlichen Verhältnissen, wo man etwa zu Hypotheken-Einschreibungen und Ähnlichem hätte greifen können, eine Zeit lang ganz ertragbar gewesen; zum Unglück aber traf es sich so, dass meines Vaters Hauptgläubiger sein eigener Vater war, der nun Gelegenheit nahm, seinem nur zu berechtigten Unmute, sei's in Briefen, sei's bei persönlichen Zusammenkünften, Ausdruck zu geben. Das Bedrückliche der Situation zu steigern, sahen sich diese Vorwürfe durch meine ganz auf schwiegerväterlicher Seite stehende Mutter unterstützt bzw. verdoppelt. Kurzum, je weiter die Sache gedieh, je mehr geriet mein Vater zwischen zwei Feuer, und lediglich um aus dieser sein Selbstgefühl beständig verletzenden Lage herauszukommen, entschloss er sich zum Verkauf seines Besitztums, dessen besondere Ertragsfähigkeit ihm, trotzdem er das Gegenteil von einem Geschäftsmann war, so gut wie jedem anderen einleuchtete. Seine ganze Rechnung dabei stellte sich überhaupt – wenigstens zunächst und von seinem Standpunkte aus angesehen – als durchaus richtig und vorteilhaft heraus. Er erhielt nämlich beim Verkauf der Apotheke das Doppelte von dem, was er seinerzeit gezahlt hatte, und sah sich dadurch mit einem Mal in der Lage, seine Gläubiger, die zugleich seine Ankläger waren, zufriedenstellen zu können. Das geschah denn auch. Er zahlte seinem Vater die vorgeschossene Summe zurück, fragte seine Frau, halb scherzhaft, halb spöttisch, ob sie ihr Vermögen vielleicht »sicherer und vorteilhafter« anlegen wolle, und erreichte dadurch das, wonach er sich sieben Jahre lang gesehnt hatte: Freiheit und Selbständigkeit. Aller lästigen Bevormundung überhoben, war er plötzlich so weit, »sich nichts mehr sagen lassen zu müssen«. Und das war recht eigentlich der Punkt, um den sich's sein Lebelang für ihn handelte. Danach dürstete er von Jugend an bis in sein Alter; weil er's aber nicht gut einzurichten verstand, so ist er zu dieser ersehnten Freiheit und Selbständigkeit immer nur tag- und wochenweise gekommen. Er war, um einen seiner Lieblingsausdrücke zu gebrauchen, beständig in der »Bredouille«, sah sich finanziell immer beunruhigt.

Wie wir in die Schule gingen und lernten

Als wir Johanni 27 in dem Hause mit dem Riesendach und der hölzernen Dachrinne, darin mein Vater bequem seine Hand legen konnte, glücklich untergebracht waren, meldete sich alsbald auch die Frage: »Was wird nun aus den Kindern? In welche Schule schicken wir sie?« Wäre meine Mutter schon mit zur Stelle gewesen, so hätte sich wahrscheinlich ein Ausweg gefunden, der, wenn nicht aufs Lernen, so doch auf das »Standesgemäße« die gebührende Rücksicht genommen hätte. Da meine Mama jedoch (...) einer Nervenkur halber in Berlin zurückgeblieben war, so lag die Entscheidung bei meinem Vater, der schnell mit der Sache fertig war und sich in einem seiner Selbstgespräche mutmaßlich dahin resolvierte, »die Stadt hat nur *eine* Schule, die Stadtschule, und da diese Stadtschule die einzige ist, so ist sie auch die beste.« Gesagt, getan; und ehe eine Woche um war, war ich Schüler der Stadtschule. Nur wenig ist mir davon in Erinnerung geblieben: eine große Stube mit einer schwarzen Tafel, stickige Luft trotz immer offen stehender Fenster und zahllose Jungens in Fries- und Leinwandjacken, ungekämmt und barfüßig oder aber in Holzpantoffeln, die einen furchtbaren Lärm machten. Es war sehr traurig. Ich verknüpfte jedoch damals, wie leider auch später noch, mit »in die Schule gehen« so wenig angenehme Vorstellungen, dass mir der vorgeschilderte Zustand, als ich seine Bekanntschaft machte, nicht als etwas besonders Schreckliches erschien. Ich ging eben davon aus, dass das so sein müsse. Als aber, gegen den Herbst hin, meine Mutter eintraf und mich mit den Holzpantoffeljungens aus der Schule kommen sah, war sie außer sich und warf einen ängstlichen Blick auf meine Locken, denen sie, in dieser Gesellschaft, nicht mehr recht trauen mochte. Sie hatte dann eines ihrer energischen Zwiegespräche mit meinem Vater, dem wahrscheinlich gesagt wurde, »er habe mal wieder bloß an sich gedacht«, und denselben Tag noch erfolgte meine Abmeldung bei dem uns schräg gegenüber wohnenden Rektor Beda. Dieser nahm die Abmeldung nicht übel, erklärte vielmehr meiner Mutter, »er habe sich eigentlich gewundert ...« All das war nun soweit ganz gut; berechtigte Kritik war geübt und ihr gemäß verfahren worden, aber als es nun galt, etwas Besseres an die Stelle zu setzen, wusste auch meine Mutter nicht aus noch ein. Lehrkräfte schienen zu fehlen oder fehlten wirklich, und da sich, bei der Kürze der Zeit, noch keine Beziehungen zu den guten Familien der Stadt ermöglicht hatten, so wurde beschlossen, mich vorläufig wild aufwachsen zu lassen und ruhig zu warten, bis sich etwas fände. Um mich aber vor Rückfall in dunkelste Nacht zu bewahren, sollte ich täglich eine Stunde bei meiner Mutter lesen und bei meinem Vater einige lateinische und französische Vokabeln lernen, dazu Geographie und Geschichte.

»Wirst du das auch können, Louis?«, hatte meine Mutter gefragt.

»Können? Was heißt können! Natürlich kann ich es. Immer das alte Misstrauen.«

»Es ist noch keine vierundzwanzig Stunden, dass du selber voller Zweifel warst.«
»Da werd' ich wohl keine Lust gehabt haben. Aber, wenn es drauf ankommt, ich verstehe die Pharmacopöa borussica so gut wie jeder andere, und in meiner Eltern Haus wurde französisch gesprochen. Und das andere, davon zu sprechen wäre lächerlich. Du weißt, dass ich da zehn Studierte in den Sack stecke.«
Und wirklich, es kam zu solchen Stunden, die sich, wie schon hier erwähnt werden mag, auch noch fortsetzten, als eine Benötigung dazu nicht mehr vorlag, und so sonderbar diese Stunden waren, so hab' ich doch mehr dabei gelernt als bei manchem berühmten Lehrer. Mein Vater griff ganz willkürlich Dinge heraus, die er von lange her auswendig wusste oder vielleicht auch erst am selben Tage gelesen hatte, dabei das Geographische mit dem Historischen verquickend, natürlich immer so, dass seine bevorzugten Themata schließlich dabei zu ihrem Rechte kamen. Etwa so.
»Du kennst Ost- und Westpreußen?«
»Ja, Papa; das ist das Land, wonach Preußen Preußen heißt und wonach wir alle Preußen heißen.«
»Sehr gut, sehr gut; ein bisschen viel Preußen, aber das schadet nichts. Und du kennst auch die Hauptstädte beider Provinzen?«
»Ja, Papa; Königsberg und Danzig.«
»Sehr gut. In Danzig bin ich selber gewesen und beinahe auch in Königsberg – bloß es kam was dazwischen. Und hast du mal gehört, wer Danzig nach tapferer Verteidigung durch unseren General Kalkreuth doch schließlich eroberte?«

»Nein, Papa.«
»Nun, es ist auch nicht zu verlangen; es wissen es nur wenige, und die sogenannten höher Gebildeten wissen es nie. Das war nämlich der General Lefèvre, ein Mann von besonderer Bravour, den Napoleon dann auch zum Duc de Dantzic ernannte, mit einem c hinten. Darin unterscheiden sich die Sprachen. Das alles war im Jahre 1807.«
»Also nach der Schlacht bei Jena?«
»Ja, so kann man sagen; aber doch nur in dem Sinne, wie man sagen kann, es war nach dem Siebenjährigen Krieg.«
»Versteh' ich nicht, Papa.«
»Tut auch nichts. Es soll heißen, Jena lag schon zu weit zurück; es würde sich aber sagen lassen: es war nach der Schlacht bei Preußisch-Eylau, eine furchtbar blutige Schlacht, wo die russische Garde beinahe vernichtet wurde und wo Napoleon, ehe er sich niederlegte, zu seinem Liebling Duroc sagte: ›Duroc, heute habe ich die sechste europäische Großmacht kennengelernt, la boue.‹«
»Was heißt das?«
»La boue heißt der Schmutz. Aber man kann auch noch einen stärkeren deutschen Ausdruck nehmen, und ich glaube fast, dass Napoleon, der, wenn er wollte, etwas Zynisches hatte, diesen stärkeren Ausdruck eigentlich gemeint hat.«
»Was ist zynisch?«
»Zynisch … ja, zynisch … es ist ein oft gebrauchtes Wort, und ich möchte sagen, zynisch ist soviel wie roh oder brutal. Es wird aber wohl noch genauer zu bestimmen sein. Wir wollen nachher im Konversations-Lexikon

nachschlagen. Es ist gut, über dergleichen unterrichtet zu sein, aber man braucht nicht alles gleich auf der Stelle zu wissen.«

So verliefen die Geographiestunden, immer mit geschichtlichen Anekdoten abschließend. Am liebsten jedoch fing er gleich mit dem Historischen an oder doch mit dem, was ihm Historie schien.

Wanderungen durch die Mark Brandenburg

Neuruppin. Ein Gang durch die Stadt. Die Klosterkirche

Grau wie die Müllertiere erreichen wir die Stadt, sehen mit geblendeten Augen anfänglich wenig oder nichts und atmen erst auf, als wir vorm Gasthofe zum Deutschen Hause halten und freundlich bewillkommt in die Kühle des Flures treten. Moselwein und Selterwasser stellen hier unsere Lebensgeister wieder her und geben uns Mut und Kraft, eine erste Promenade zu machen und dem Pflaster der Stadt zu trotzen. In unseren dünnsohligen Stiefeln werden wir freilich mehr denn einmal an jenen mecklenburgischen Gutsbesitzer erinnert, den seine revoltierenden Hintersassen auf spitzen Steinen hatten tanzen lassen.

Ruppin hat eine schöne Lage – See, Gärten und der sogenannte »Wall« schließen es ein. Nach dem großen Feuer, das nur zwei Stückchen am Ost- und Westrande übrigließ (als wären von einem runden Brote die beiden Kanten übriggeblieben), wurde die Stadt in einer Art Residenzstil wieder aufgebaut. Lange, breite Straßen durchschneiden sie, nur unterbrochen durch stattliche Plätze, auf deren Areal unsere Vorvordern selbst wieder kleine Städte gebaut haben würden. Für eine reiche Residenz voll hoher Häuser und Paläste, voll Leben und Verkehr mag solche raumverschwendende Anlage die empfehlenswerteste sein, für eine kleine Provinzialstadt aber ist sie bedenklich. Sie gleicht einem auf Auswuchs gemachten großen Staatsrock, in den sich der Betreffende, weil er von Natur klein ist, nie hineinwachsen kann. Dadurch entsteht eine Öde und Leere, die zuletzt den Eindruck der Langenweile macht.

Die Billigkeit erheischt hinzuzufügen, dass wir es unglücklich trafen: das Gymnasium hatte Ferien und die Garnison Mobilmachung. So fehlten denn die roten Kragen und Aufschläge, die, wie die zinnoberfarbenen Jacken auf den Bildern eines berühmten Niederländers (Cuyp), in unserm farblosen Norden dazu berufen scheinen, der monotonen Landschaft Leben und Frische zu geben. Alles war still und leer, auf dem Schulplatze wurden Betten gesonnt, und es sah aus, als sollte die ganze Stadt aufgefordert werden, sich schlafen zu legen.

Aber nicht die Öde und Stille der Stadt haben uns zu beschäftigen, sondern ihre Sehenswürdigkeiten, klein und groß. Treten wir unsere Wanderung an. Vor dem malerisch im Schatten hoher Linden gelegenen Rathaus, in dessen Erdgeschoss sich auch die Hauptwache befindet, ruht auf leichter Lafette eine 1849er Kriegstrophäe, während in Front des stattlichen Gymnasialgebäudes (auf das wir weiterhin in einem eignen Kapitel zurückkommen) die Bronzestatue König Friedrich Wilhelms II. aufragt, die die Stadt nach dem großen Feuer von 1787 ihrem Wiedererbauer errichtete. Das in etwas mehr denn Lebensgröße hergestellte Bildnis ist eine Arbeit Friedrich Tiecks, gedanklich wenig bedeutend, aber in Form und Haltung jenes künstlerische Maß bekundend, das, wo andere Vorzüge fehlen, selbst schon wieder als Vorzug gelten kann.

Mehr als dies Denkmal nimmt unsere Aufmerksamkeit

die alte Klosterkirche in Anspruch, die sich an der Ostseite der Stadt in unmittelbarer Nähe des Sees erhebt und das einzige Gebäude von Bedeutung ist, das bei dem mehrerwähnten großen Brande verschont blieb. Diese Klosterkirche ist ein alter, in gotischem Stile aufgeführter Backsteinbau aus dem Jahre 1253 und gehörte dem unmittelbar danebengelegenen Dominikanerkloster zu, von dem seit Restaurierung der Kirche auch die letzten Spuren verschwunden sind. Über diese Restaurierung selbst gibt eine die halbe Wand des Kirchenschiffs bedeckende Inschrift folgende Auskunft: »Dieses Gotteshaus wurde seit dem Jahre 1806 wiederholt durch feindliche Truppen entweiht und verfiel während des Krieges dergestalt, dass es über dreißig Jahre nicht für den öffentlichen Gottesdienst benutzt werden konnte. Durch königliche Gnadenwohltat wurde dieses erhabene Denkmal echt deutscher Kunst und Frömmigkeit seiner eigentlichen Bestimmung zurückgegeben, indem es auf Befehl Seiner Majestät Friedrich Wilhelms III. wiederhergestellt und in Gegenwart seines Nachfolgers, Seiner Majestät Friedrich Wilhelms IV., feierlich eingeweiht wurde am 16. Mai 1841.«

Über dieser Inschrift befindet sich eine andere aus der zweiten Hälfte des sechzehnten Jahrhunderts, worin die Überweisung dieser Kirche seitens des Kurfürsten Joachims II. an die Stadt Ruppin ausgesprochen wird. Ähnliche Notizen im Lapidarstil gesellen sich hinzu und mindern in etwas den Eindruck äußerster Kahlheit und Öde, woran die sonst schöne Kirche bedenklich leidet. Dies Verfahren, durch Inschriften zu beleben und anzuregen, sollte überhaupt überall da nachgeahmt werden, wo man zur Restaurierung alter Baudenkmäler schreitet. Selbst Leuten von Fach sind solche Notizen gemeinhin willkommen, dem Laien aber geht erst aus ihnen die ganze Bedeutung auf. *Und zu diesen Laien gehört vor allem die Gemeinde selbst.* Ohne solche Hinweise weiß sie selten, welche Schätze sie besitzt. Ja, das Maß der Unkenntnis und Indifferenz ist so groß, dass es denen zu denken geben sollte, die nicht müde werden, von dem Wissen und der Erleuchtetheit unserer Zeit zu sprechen. Auffallen muss namentlich, wie absolut nichts unser Volk von der vorlutherischen Periode seiner Geschichte weiß. Man kennt weder die Dinge noch die Worte dafür, und unter zwanzig Leuten auf dem Lande wird nicht einer wissen, was der »Krummstab« sei. In der Ruppiner Klosterkirche fragt' ich die Küsterfrau, welche Mönche hier wohl gelebt hätten, worauf ich die Antwort erhielt: »Ich jlobe, et sind *kattolsche* gewesen.«

Die Ruppiner Klosterkirche wird in der oben zitierten Inschrift ein »erhabenes Denkmal echt deutscher Kunst« genannt, was richtig und nicht richtig ist, je nachdem. Die Mittelmark, im Gegensatze zur Altmark und dem Magdeburgischen, ist im Ganzen genommen so wenig hervorragend an Baudenkmälern aus der gotischen Zeit, dass keine *besondere Schönheit* nötig war, um mit unter den schönsten zu sein.

Das Innere der Kirche, trotz seiner Inschriften, ist immer noch gerade kahl genug geblieben, um sich der »*Maus* und *Ratte*« zu freun, die der den Deckenanstrich ausführende Maler in gewissenhaftem Anschluss an eine halb legendäre Tradition an das Gewölbe gemalt hat. Die Tradition selbst aber ist folgende. Wenige Tage nachdem die

Kirche, 1564, dem lutherischen Gottesdienst übergeben worden war, schritten zwei befreundete Geistliche, von denen einer noch zum Kloster hielt, durch das Mittelschiff und disputierten über die Frage des Tages. »*Eher wird eine Maus eine Ratte hier über die Wölbung jagen*«, rief der Dominikaner, »*als dass diese Kirche lutherisch bleibt.*« Dem Lutheraner wurde jede Antwort hierauf erspart; er zeigte nur an die Decke, wo sich das Wunder eben vollzog.

Unser Sandboden hat nicht allzu viel von solchen Legenden gezeitigt, und so müssen wir das Wenige werthalten, was überhaupt da ist.

Von Zwanzig bis Dreißig

Berlin 1840. In der Wilhelm Roseschen Apotheke

Ostern 1836 war ich in die Rosesche Apotheke – Spandauer Straße, nahe der Garnisonkirche – eingetreten. Die Lehrzeit war wie herkömmlich auf vier Jahre festgesetzt, sodass ich Ostern 40 damit zu Ende gewesen wäre. Der alte Wilhelm Rose aber, mein Lehrprinzipal, erließ mir ein Vierteljahr, sodass ich schon Weihnachten 1839 aus der Stellung eines »jungen Herrn«, wie wir von den »Kohlenprovisors« genannt wurden, in die Stellung eines »Herrn« avancierte. Der bloße Prinzipalswille reichte jedoch für solch Avancement nicht aus, es war auch noch ein Examen nötig, das ich vor einer Behörde, dem Stadt- oder Kreisphysikat, zu bestehen hatte, und bei diesem vorausgehenden Akte möchte ich hier einen Augenblick verweilen.

Etwa um die Mitte Dezember teilte mir Wilhelm Rose mit, dass ich »angemeldet« sei und demgemäß am 19. selbigen Monats um halb vier Uhr nachmittags bei dem Kreisphysikus Dr. Natorp, Alte Jakobstraße, zu erscheinen hätte. Mir wurde dabei nicht gut zumut, weil ich wusste, dass Natorp wegen seiner Grobheit ebenso berühmt wie gefürchtet war. Aber was half es. Ich brach also an genanntem Tage rechtzeitig auf und ging auf die Alte Jakobstraße zu, die damals noch nicht ihre Verlängerung unter dem merkwürdigen, übrigens echt berlinischen Namen »Neue Alte Jakobstraße« hatte. Das noch aus der friderizianischen Zeit stammende, in einem dünnen Rokokostil gehaltene Häuschen, drin Natorp residierte, glich eher einer Prediger- als einer Stadtphysikuswohnung, Blumenbretter zogen sich herum, und ich fühlte deutlich, wie die Vorstellung, dass ich nunmehr einem Oger gegenüberzutreten hätte, wenigstens auf Augenblicke hinschwand. Oben freilich, wo, auf mein Klingeln, die Gittertür wie durch einen heftigen Schlag, der mich beinah wie mit traf, aufsprang, kehrte mir mein Angstgefühl zurück und wuchs stark, als ich gleich danach dem Gefürchteten in seiner mehr nach Tabak als nach Gelehrsamkeit aussehenden Stube gegenüberstand. Denn ich sah deutlich, dass er von seiner Nachmittagsruhe kam, also zu Grausamkeiten geneigt sein musste; sein Bulldoggenkopf, mit den stark mit Blut unterlaufenen Augen, verriet in der Tat wenig Gutes. Aber wie das so geht, aus mir unbekannt gebliebenen Gründen war er sehr nett, ja geradezu gemütlich. Er nahm zunächst aus einem großen Wandschrank ein Herbarium und ein paar Kästchen mit Steinen heraus und stellte, während er die Herbariumblätter aufschlug, seine Fragen. Eine jede klang, wie wenn er sagen wollte: »Sehe schon, du weißt nichts; ich weiß aber auch nichts, und es ist auch ganz gleichgültig.« Kurzum, nach kaum zwanzig Minuten war ich in Gnaden entlassen und erhielt nur noch kurz die Weisung, mir am andern Tage mein Zeugnis abzuholen. Damit schieden wir.

Als ich wieder unten war, atmete ich auf und sah nach der Uhr. Es war erst vier. Das war mir viel zu früh, um schon wieder direkt nach Hause zu gehn, und da mich der von mir einzuschlagende Weg an dem Hause der d'Heureuseschen Konditorei vorbeiführte, drin – was ich aber damals noch nicht wusste – hundertundfünfzig Jahre früher der Alte Derfflinger gewohnt hatte, so beschloss ich, bei d'Heureuse einzutreten und den »Berliner Figaro«, mein Leib- und Magenblatt, zu lesen, darin ich als Lyriker und Balladier schon verschiedentlich aufgetreten war. Eine spezielle Hoffnung kam an diesem denkwürdigen Tage noch hinzu. Keine vierzehn Tage, dass ich wieder etwas eingeschickt hatte, noch dazu was Großes – wenn das nun vielleicht drin stünde! Gedanke, kaum gedacht zu werden. Ich trat also ein und setzte mich in die Nähe des Fensters, denn es dunkelte schon. Aber im selben Augenblicke, wo ich das Blatt in die Hand nahm, wurden auch schon die Gaslampen angesteckt, was mich veranlasste, vom Fenster her an den Mitteltisch zu rücken. In mir war wohl die Vorahnung eines großen Ereignisses, und so kam es, dass ich eine kleine Weile zögerte, einen Blick in das schon aufgeschlagene Blatt zu tun. Indessen dem Mutigen gehört die Welt; ich ließ also schließlich mein Auge darüber hingleiten, und siehe da, da stand es: »Geschwisterliebe, Novelle von Th. Fontane.« Das Erscheinen der bis dahin in mal längeren, mal kürzeren Pausen von mir abgedruckten Gedichte hatte nicht annähernd solchen Eindruck auf mich gemacht, vielleicht weil sie immer kurz waren; aber hier diese vier Spalten mit »Fortsetzung folgt«, das war großartig. Ich war von allem, was dieser Nachmittag mir gebracht hatte, wie benommen und musste es sein; vor wenig mehr als einer halben Stunde war ich bei Natorp zum »Herrn« und nun hier bei d'Heureuse zum Novellisten erhoben worden. Zu Hause angekommen, berichtete ich nur von meinem glücklich bestandenen Examen, über meinen zweiten Triumph schwieg ich, weil mir die Sache zu hoch stand, um sie vor ganz unqualifizierten Ohren auszukramen. Auch mocht' ich denken, es wird sich schon 'rumsprechen, und dann ist es besser, du hast nichts davon gemacht und dich vor Renommisterei zu bewahren gewusst.

Mit diesen Ereignissen schloss 1839 für mich ab, und das neue Jahr 40 brach an. Ich wechselte nicht, wie das gewöhnlich geschieht, meine Stellung, sondern blieb noch fast ein Jahr lang als Avancierter in meiner alten Position. Hatte dies auch nicht zu bedauern. Es war ein sehr angenehmes Jahr für mich, was in sehr verschiedenen Dingen und, so sonderbar es klingt, auch in der frischen politischen Brise, die damals gerade ging, seinen Grund hatte. Denn mit dem Sommer 1840 oder, was dasselbe sagen will, mit dem am 7. Juni erfolgten Tode Friedrich Wilhelms III. brach für Preußen eine neue Zeit an, und ich meinerseits stimmte nicht bloß in den überall um mich her auf Kosten des heimgegangenen Königs laut werdenden Enthusiasmus ein, sondern fand diese ziemlich illoyale Begeisterung auch berechtigt, ja pflichtmäßig und jedenfalls im hohen Maße gesinnungstüchtig. Jetzt denk' ich freilich anders darüber und bekenne mich mit Stolz und Freude zu einer beinah schwärmerischen Liebe zu diesem lange nicht genug gewürdigten und verehrten Könige. Während meiner märkischen Arbeiten, die mich später, durch viele Jahre hin, mit allen Volksschichten in Dorf und Stadt in Berührung brachten, bin ich der Eigenart dieses Königs in von Mund zu Mund ge-

henden Geschichten und Anekdoten viele hundert Male begegnet, und in immer wachsendem Grade habe ich dabei den Eindruck gehabt: Welch ein herrlicher Mann! Wie mustergültig in seiner wundervollen Einfachheit und wie viel echte wirkliche Weisheit in jedem seiner, vom bloßen Espritstandpunkt aus angesehen, freilich oft prosaisch und nüchtern wirkenden Aussprüche. Wenn überhaupt noch absolut regiert werden soll, was ich freilich weder wünsche noch für möglich halte, so muss es so sein. Ganz Patriarch. Man hat ihm den Beinamen des »Gerechten« gegeben und dann, nach Berliner Art, darüber gewitzelt; aber dies Wort »der Gerechte« drückt es doch aus, und weil es keine Phrase, sondern eine Wahrheit war, war es eine große Sache. Dazu kam noch eines: für mich hat das hohe Ansehen, das der so oft als unbedeutend erklärte König in seiner eignen Familie genoss, immer eine besondre Bedeutung gehabt, wenigstens nach der moralischen Seite hin. Der kluge Kronprinz, sosehr er dem Vater überlegen war, war doch voll Verehrung und rührendster Liebe für ihn. Und so jedes Mitglied des Hauses, die Kinder wie die Schwiegerkinder. Selbst der eiserne Nikolaus konnte dem Zauber dieses schlichten Mannes, der trotzdem ein König war, nicht widerstehn. Er dachte nicht daran, wie's damals hieß, einen »Knäs« oder »Unterknäs« aus ihm machen zu wollen, sondern hatte nur, wie wahrscheinlich für keinen andern Sterblichen, ein Hochmaß von respektvoller und zugleich herzlicher Zuneigung für ihn. Das bewies er noch in des Scheidenden letzter Stunde.
So denn noch einmal: ein König, der, wie wenige, die Liebe seines Volkes verdiente, war an jenem 7. Juni 1840

heimgegangen, aber andrerseits war zuzugestehn – und darin lag die Rechtfertigung für vieles, was geschah und nicht geschah –, dass es *politisch* nicht so weiterging; die Stürme von 89 und 13 hatten nicht umsonst geweht, und so war es denn begreiflich, dass das altfranzösische »Der König ist tot, *es lebe der König*« in vielen Herzen mit vielleicht zu freudiger Betonung der Schlussworte gesprochen wurde. Knüpften sich doch die freiheitlichsten und zunächst auch berechtigtsten Hoffnungen an den Thronfolger. Die Menschen fühlten etwas, wie wenn nach kalten Maientagen, die das Knospen unnatürlich zurückgehalten haben, die Welt plötzlich wie in Blüten steht. Auf allen Gesichtern lag etwas von freudiger Verklärung und gab dem Leben jener Zeit einen hohen Reiz. »Es muss doch Frühling werden.« Alle die, die den Sommer 40 noch miterlebt haben, werden sich dieser Stimmung gern erinnern.

Ich zählte, so jung und unerfahren ich war, doch ganz zu denen, die das Anbrechen einer neuen Zeit begrüßten, und fühlte mich unendlich beglückt, an dem erwachenden politischen Leben teilnehmen zu können. Allwöchentlich hatte ich, neben sonstigen Freistunden, auch einen freien Nachmittag, und mit der Feierlichkeit eines Kirchgängers, ja sogar in der sonntäglichen Aufgeputztheit eines solchen, begab ich mich, wenn dieser freie Nachmittag da war, regelmäßig zu Stehely, um hier allerlei Zeitungen: die Kölnische, die Augsburger, die Leipziger Allgemeine etc. zu lesen. Dieser Wunsch wurde mir freilich immer nur sehr unvollkommen erfüllt, denn es war die Zeit der sogenannten »Zeitungstiger«, die sich unersättlich auf die Gesamtheit aller guten Zeitungen

stürzten und diese, grausam erfinderisch, entweder auf dem Stuhl, auf dem sie saßen, oder unterm Arm – oder auch vorn in den Rock geschoben – unterzubringen wussten. Ein Einschreiten dagegen war nicht möglich, denn die betreffenden Herren waren nicht nur Stehelysche Habitués, sondern zugleich auch Leute von gesellschaftlicher Stellung. Es hieß also sich in Geduld fassen, und manchmal wurde man auch belohnt. Aber selbst wenn alles ausblieb, so verließ ich trotzdem das Lokal mit dem Gefühl, mich, eine Stunde lang, an einer geweihten Stätte befunden zu haben.
In gehobener Stimmung nahm ich dann andern Tages meine Arbeit wieder auf und fand es in dieser Stimmung jedes Mal leichter, mit meiner Umgebung zu verkehren.

Theodor Fontane an Wilhelm Wolfsohn

Berlin, d. 10. November 47

Mein lieber alter Freund!

(...) Dass ich [mit Emilie Rouanet-Kummer] verlobt bin, weißt Du. In diesem Faktum liegt noch kein Grund zur Gratulation, wohl aber darin, dass ich mich glücklich fühle in meiner Wahl und meiner Liebe. Du hast das junge Mädchen bei Deinem Hiersein gesehn. Das Hervorstechende ihres Wesens ist, körperlich und geistig, das *Interessante*, sie wird mich auch da zu fesseln wissen, wo mir größere Schönheit, umfassenderes Wissen und selbst tieferes Gefühl auf meinem Lebenswege begegnen sollten. Mit einem Wort, sie ist »liebenswürdig«, sie hat jenes unerklärbare Etwas, was allem einen Reiz verleiht; die Schwächen selbst werden so zu Tugenden gestempelt; Unkenntnis gibt sich als herzgewinnende Natürlichkeit; launenhafte Wünsche und Einfälle kleiden sich in das Gewand des Eigentümlichen. – Ich habe in meiner Liebe viele Kämpfe durchgemacht; ich habe (ohne deshalb meine Braut je minder geliebt zu haben) meine Verlobung wie eine Übereilung betrachtet, ich habe mir die Befähigung abgesprochen, je ein Weib glücklich machen zu können, und habe gleichzeitig meinen eignen Untergang als eine Gewissheit vor Augen gesehn; zu dem allen hab ich den Höllensoff brennender, verzweifelnder Eifersucht gekostet, oder richtiger, meine Seele monatelang damit getränkt. Diese Zeiten sind vorüber; unter allen diesen Stürmen hat sich meine Liebe bewährt; ich darf sie als einen geklärten Wein betrachten, der, wenn auch nicht feuriger mit den Jahren wie Rheinwein, doch auch nicht schlechter wie Medoc werden wird. – Um einen passenden Übergang für das Folgende zu finden, muss ich meine obigen Mitteilungen durch das Geständnis ergänzen, dass namentlich der Poet in mir oft blutige Tränen über den verlobten Bräutigam vergoss. Auch diese Misshelligkeiten sind beigelegt; meine Braut, die sonst in meinen dichterischen Gelüsten nur eine verhasste Nebenbuhlerin sah, hat diese plötzlich von Herzen lieb gewonnen, und so hoff ich in Zukunft wie der Graf von Gleichen zu leben, bei welchem Bild ich freilich in Zweifel gerate, ob ich meine Muse oder meine Braut mit der feurigen, schwarzäugigen Orientalin vergleichen soll. Stände meine Braut jetzt hinter mir und guckte über die Schulter, so wäre eine Maulschelle mein unzweifelhaftes Los.

Nun aber ein weniges von der Poeterei. In meinem Eifer, vielleicht darf ich sagen, in meiner Begeisterung – bin ich der Alte; in dem, was ich leiste, hab ich die Leipziger Staffel hoffentlich weit hinter mir. Es fehlt mir möglicherweise jetzt die Unbefangenheit und Natürlichkeit, mit der ich damals Schlechtes und Gutes in friedlicher Gemeinschaft aufs Papier kritzelte, dafür aber hat sich ein gewisses Bewusstsein, eine Kenntnis dessen, worauf es ankommt, eingestellt, die vielleicht keinen besseren Poeten, aber zweifellos bessere Verse schafft. – Du würdest mich in *dieser* Beziehung sehr verändert finden; ich bin jetzt von meinem *Recht* durchdrungen, ein Gedicht zu machen; das mag Dir andeuten, dass ich ein anderer geworden bin. Du lächelst vielleicht; Du frägst, worauf sich dieses Selbstvertrauen stützt, und lächelst wieder, wenn ich sage, *das fühlt sich*. Ich könnte Dir erzählen, dass ich mit dem Cottaschen »Morgenblatt« auf dem besten Fuße stehe, könnte Dir mitteilen, dass man in mich dringt, meine Sachen zusammenzustellen und rauszugeben – indessen wiederhol ich Dir, es ist nicht diese Anerkennung von außen; sondern die tief innere Überzeugung, dass ich einen Vers schreiben kann, was mein Fiduzit erweckt. Diese Überzeugung lässt mich ruhig und bedachtsam handeln; ich laufe mir nicht nur nicht die Beine ab, um einen Buchhändler zu ergattern, sondern ich danke sogar für diejenigen, die mir unter der Hand angeboten werden. Was gut ist, bleibt gut, und das andre mag fallen, wenn es vor der eignen, gereifteren Kritik nicht mehr bestehen kann. – Das Lyrische hab ich aufgegeben, ich möchte sagen, blutenden Herzens. Ich liebe eigentlich nichts so sehr und innig wie ein schönes Lied, und doch ward mir gerade die Gabe für das Lied versagt. Mein Bestes, was ich bis jetzt geschrieben habe, sind Balladen und Charakterzeichnungen historischer Personen; ich habe dadurch eine natürliche Übergangsstufe zum Epos und Drama eingenommen und diesen Sommer bereits ein episches Gedicht in neun (kleinen) Gesängen geschrieben, das hier auf die Berliner Herzen seines Eindrucks nicht verfehlte und Dir vielleicht mit nächstem im »Morgenblatte« zu Gesicht kommen wird, wenn nicht die größere Ausdehnung des Gedichts seine Aufnahme unmöglich macht. Titel: »Von der schönen Rosamunde«. – Mit heiligem Eifer würd ich mich unverzüglich an die Gestaltung eines Dramas machen, das bereits im

Geiste in mir lebt, wenn ich nicht zwischen heut und drei Wochen wieder hinterm Tische stünde und dem Publikum statt fünffüßiger Jamben Dekokte [Arzneiextrakte] u. a. m. zu bieten hätte. Es erbaut mich diese Aussicht wenig, aber sie macht mich nicht unglücklich. Ich habe den Wunsch, Poet von Fach zu sein, lange und für alle Zeit begraben. Nach meiner Meinung muss ein Dichter allemal *Dilettant* sein und bleiben; sowie der Fall mit der melkenden Kuh eintritt, ist es mit der Poesie Matthäi am letzten. In zwei Jahren hoff ich selbständig, d. h. Apothekenbesitzer, Gatte und resp. Familienvater zu sein; trotz vieler Sorgen, die von dem Augenblicke an auf mich einstürmen werden, hoff ich doch in meinen Grundfesten unerschüttert zu bleiben und wenn auch langsam, so doch sicher ein Ziel zu erreichen, das sich jedes ernste Streben stecken muss.

Ich wundere mich nicht, wenn diese Sprache Dich stutzig macht; soviel aber hoff ich von Deiner Freundschaft und guten Meinung von mir, dass Du das Vorstehende nicht als die Herzensergießungen eines arroganten Schlingels betrachten wirst.

Betrachte meinen Brief wie die Beichte eines Freundes dem Freunde gegenüber und mache mir die unendliche Freude, ihn recht bald in gleicher Weise beantwortet zu sehn. (…)

Leb wohl.

Dein Th. Fontane

Wunsch

Ich wollte, dass in Sturmesnacht
Die Mutter mich zur Welt gebracht,
Dass auf das Blitzen ringsumher
Mein erster Blick gefallen wär'.

Ich wollte, dass sie nackt und bloß
Gebettet mich in Laub und Moos,
Dass Sturm und Donner um die Wett'
Mein Wiegenlied gesungen hätt'.

Ich wollte, dass der Hirsch im Tann
Mein Spielgenoss als Knabe dann,
Dass, über mir, der Sterne Heer
Die Bibel mein gewesen wär'.

Das Auge hell, im Arme Mark,
Frisch wie der Quell, wie Eichen stark,
So wär' ich in das Leben dann
Getreten als ein ganzer Mann.

Im Busen lebte mir die Kraft,
Die Taten statt der Lieder schafft,
Nicht länger säß der gute Will'
Im Winkel drinnen, fromm und still.

O wär' ich stark! nah ist der Streit,
Und ganze Männer heischt die Zeit –
Ich wollte, dass in Sturmesnacht
Die Mutter mich zur Welt gebracht.

An Emilie

Da draußen schneit es: Schneegeflimmer
Wies heute mir den Weg zu Dir;
Eintret' ich in Dein traulich Zimmer,
Und warm ans Herze fliegst Du mir –
Abschüttl' ich jetzt die Winterflocken,
Abschüttl' ich hinterdrein die Welt –
Nur leise noch von Schlittenglocken
Ein ferner Klang herübergellt.

Nun ist es still; nun lass uns kosen:
Du legst Dein Haupt auf meinen Schoß,
Ich aber knüpf' in leichtem, losen
Getändel Dir die Flechten los.
Du zürnst; warum? Du glaubst zu müssen,
Und schwörst: »nie wieder einen Kuss!«
Da weiß ich, dass ich rasch mit Küssen
Die krause Stirn Dir glätten muss.

»Nun aber komm, nun lass uns plaudern
Vom eignen Herd, von Hof und Haus!«
Da baust Du lachend, ohne Zaudern,
Bis unters Dach die Zukunft aus;
Du hängst an meines Zimmers Wände
All meine Lieblingsschilderein –
Ich seh's und streck danach die Hände,
Als müss' es wahr und wirklich sein.

So flieht des Abends schöne Stunde,
   Vom fernen Turm tönt's Mitternacht,
Die Mutter schläft, in stiller Runde
   Nur noch die Wanduhr pickt und wacht.
»Ade, mein Lieb!« von warmen Lippen
   Ein Kuss noch – dann in Nacht hinein:
»Das Leben lacht, trotz Sturm und Klippen,
   Nur Steurer muss die Liebe sein.«

An George Fontane
(bei Gelegenheit seines 2ten Geburtstages)

Mein lieber Georg! und kann ich Dir auch
Am heutigen Tage nichts schenken,
So will ich doch nach altem Brauch
In Versen Deiner gedenken;

In Versen, worin Dein Dichter-Papa
Sich immerdar ergossen,
Wenn ihm, was just nicht selten geschah,
Die Pfennige spärlich flossen.

Ich wünsche Dir tüchtig Fleisch u. Speck
Und immer dickere Waden,
Und wächst Dein Herz am rechten Fleck,
So kann das auch nicht schaden.

Dein Vater ist nicht schlecht, nicht gut,
Nur grade kein Menschenfresser,
Drum sage nicht: »es liegt im Blut« –
Sondern werde ein bissel besser.

Die Schulen leisten jetzt so viel,
So klug wird unsre Jugend,
So komm denn auch Du höchstes Ziel
Der eingetrichterten Tugend!

Ach, wenn Du dann in Prima sitzt
Und unter den Sexta-Knaben
Gewahrest, wie Dein Vater schwitzt –
So wolle Mitleid haben.

Blick auf den Ulx – der Dein Papa –
Mit nachsichtsvollen Augen,
Denn »ehren sollst du die Eltern ja«,
Auch wenn sie gar nichts taugen.

Und mache Geld! denn fehlt Dir *das*
Und musst Du gar was pumpen,
So ist vorbei der ganze Spaß,
So zählst Du zu den Lumpen.

Wurzels
(Berliner Ehedialoge)

»Wurzel, wir wollen nun an die See,
Heute (als letztes noch) koch ich Gelee,
Friederike bleibt und sorgt für Torf –
Ich denke, wir gehen nach Heringsdorf.«

»Ahlbeck.«

»Wurzel, mit Hermann wird es nun Zeit,
Alles hier draußen ist freilich so weit,
's Gymnasium auch (und täglich zweimal),
Aber mit Pferdebahn ist es egal,
Ich denke mir also ›Joachimstal‹.«

»Steglitz.«

»Wurzel, der Winter ist nun bald da,
Mir graut schon vor dem Gesellschaftstrara,
Aber was hilft es (sie reden schon),
Also Scherzers, Kopisch, Liliencron
Und vielleicht die Familie Levysohn …«

»Meyers.«

»Wurzel, du bleibst doch, wie du bist,
Ein Igel an dir verloren ist,
In der Tanzstund, als Bräutigam und nun ehlich
Immer gleich aufbäumsch und unausstehlich;
Mag man sich noch so den Kopf zerbrechen,
Du widersprichst, um zu widersprechen,
'ne Scheidung gibt es schließlich *doch*!«

»Ich denke mir, du besinnst dich noch.«

Jan Bart

Jan Bart geht über den Vlissinger Damm.
»Hür', Katrin, wi trecken tosamm;
En Huus, en Boot, 'ne Zieg' un 'ne Kuh,
Wat mienst, Katrin? Sy miene Fru.«

Katrin an ihrem Friesrock zog:
»Ne, Jan, bist mi nich Mynherr 'noog.«
Der nickt und lacht: »Na, denn Adje.«
Und nach Frankreich geht er und sticht in See.

Matrose, Maat, so fängt er an,
Auf der zweiten Reise: Steuermann,
Auf der dritten: Leutnant unter Du Quesne,
Auf der vierten: Flottenkapitän.

Und als es mit England kommt zum Krieg,
Wo Jan Bart erscheint, erscheint der Sieg,
Wie stolz das britische Banner auch weh',
Jan Bart ist Herr und fegt die See.

Heut aber tritt er vor seinen Herrn,
Vor Louis quatorze. Der sieht ihn gern.
»Willkommen, Jan Bart, in diesem Saal,
Ich ernenn' Euch zu meinem Groß-Admiral.«

Jan Bart verneigt sich: »Majestät,
Was klug und recht ist, kommt nie zu spät.«
Alles starrt auf den König, der aber lacht –
Jan Bart hat sich wieder heim gemacht.

Und am Vlissinger Damm, an alter Stell',
Sitzt wieder Katrin auf ihrer Schwell',
Ihren Ältsten hält sie bei der Hand,
Der Jüngste liegt und spielt im Sand.

Er grüßt sie lachend und noch einmal:
»Katrin, ich bin nu Groß-Admiral,
Katrin, w'rüm biste nich mit mi goahn?«
»Joa, wenn ick't wusst hätt', hätt' ick't doahn.«

Englische Tagebücher

London

London hat einen unvertilgbaren Eindruck auf mich gemacht; nicht sowohl seine Schönheit als seine Großartigkeit hat mich staunen lassen. Es ist das Modell oder die Quintessenz einer ganzen Welt. Der mehrerwähnte Umstand, dass London mehr Nachtwächter (zwölftausend) hat als das Königreich Sachsen Soldaten, ist am ehesten geeignet, eine Vorstellung von den Dimensionen dieser Riesenstadt zu geben.

Wir Deutsche seufzen über »teures Leben« in London; ich will das unerörtert lassen, aber pflichtschuldig versichern, dass ein Paar Schuhsohlen und einige Pence vollkommen ausreichen, das wahre, eigentliche, das unvergleichliche London kennenzulernen. Nicht die italienische Oper, wo man ein Pfund Entree bezahlt, nicht die zahllosen Kirchen und Theater, in denen man mehr oder minder gebrandschatzt wird, nicht der angestaunte Tunnel, nicht Westminster mit seinen Sarkophagen und Marmorgruppen, nicht die prächtigen Squares mit ihren Säulen, nicht die stolzen Themsebrücken, sie alle nicht, machen London zu dem, was es ist, sie könnten fehlen, ohne ihm seine Großartigkeit zu rauben. Tamburini ist in Paris und London ganz derselbe, und Lablache singt in England um keine Viertelnote tiefer als in Frankreich; auch Wien und Dresden und Berlin haben glänzende Theater, und glänzender zum Teil, als

Drury-Lane und Covent-Garden sind. Tritt der Straßburger Münster oder der Kölner Dom vor der Westminster-Abtei in den Hintergrund? Und übertrifft nicht vielmehr der Lustgarten Berlins und seine Umgebung den Trafalgar- und Leicester-Square? Die Dresdner Bildergalerie ist reicher und wertvoller als die National-Gallery Londons, und selbst der Tunnel macht mehr den denkenden als den fühlenden Menschen staunen, spricht mehr zum Geiste als zum Auge. Nein, wer London wahrhaft erfassen will, der stürze sich, wenn er dreist und ein tüchtiger Fußgänger ist, in das Gewühl der Menschen, oder besser noch, er besteige die Outside (Außenseite) eines Omnibus und fahre straßenauf, straßenab von der City bis nach Paddington, von der Westminster-Brücke nach Vauxhall und von dort zum Hyde- oder Regents-Park. Passiert er Cheapside in der City, so entfaltet sich vor seinen Blicken die summende, rastlose Geschäftigkeit der ersten Handelsstadt der Welt. Er sieht die Straße vor sich mit Menschen, Cabs und Gigs, Frachtwagen und Fiakern wahrhaft bedeckt; mit jedem Augenblick erwartet er die Passage gehemmt oder den Omnibus, der ihn führt, zermalmt zu sehn – mitnichten, die Übung hat auch hier den Meister gemacht; wo die Ängstlichkeit Gefahr bringen würde, triumphiert die Sicherheit. Womit vergleich' ich jenes Treiben? Mit einem geschäftigen Bienenschwarm, der dichtgedrängt nach Nahrung ausfliegt, eine untätige, puppenartige Bienenkönigin an der Spitze? Nenn' ich diese zerrinnenden und rastlos neugestalteten Menschenwogen ein Meer, darin der einzelne als Tropfen verschwimmt? Am anschaulichsten mach' ich dies

Drängen und Treiben vielleicht, wenn ich jede Straße mit einem schmalen Theaterkorridor vergleiche, der nach beendigter Vorstellung die Hindurchströmenden kaum zu fassen vermag. Doch unser Omnibus ist noch weit von seinem Ziel; soeben schneidet er Farringdon-Street und gelangt aus der City nach dem fashionablen Teil der Stadt, nach Westend. Auf dem Holzpflaster des »Strand«, der ersten schönen Straße Westends, die er passieren muss, rollt er dahin. Die Szene verändert sich; die Straßen, breit und sauber, zeigen nur hier und dort einen Frachtwagen, der sich verirrt zu haben scheint, das Gedränge lässt nach, und Menschen und Fuhrwerke werden eleganter. Wir passieren Charing Cross und befinden uns nun auf dem Grund und Boden der Nobility. Piccadilly, Regent- und Oxford-Street, es ist gleichgültig, welche der drei Straßen wir einer besonderen Musterung unterwerfen, ich mag nicht der Paris sein, der ihren Schönheitswettstreit entscheidet. Wär' es Abend, so würd' ich unzweifelhaft für Oxford-Street in die Schranken treten – denn länger und vorzugsweise grader als die beiden andern Straßen, gewährt das strahlende Bild der dichtgedrängten Gaslampen, gehoben durch ein aus allen Läden dringendes Lichtmeer, unzweifelhaft den schönsten Anblick. – Welch ein Unterschied zwischen der Handelswelt Westends und der City. Diese führt einen Welthandel und erachtet es für gleichgültig, ob die Wechsel in finstern, verbauten Comtoirstuben oder in samt- und goldgeschmückten Zimmern geschrieben werden; der Kaufmann in Westend hingegen ist nur ein Krämer, der die Nobility in seiner unmittelbaren Nähe mit ihren Bedürfnissen versorgt. Ihre Ladyschaft könnte selbst einmal sein Geschäftslokal mit ihrer hohen Gegenwart beglücken, daher die flimmernde Pracht desselben.Die Schaufenster aus Spiegelglas sind von erstaunlicher Größe, alles Holzwerk ist vergoldet, dem Auge des Vorübergehenden bieten sich die kostbarsten Stoffe in geschmackvoller Gruppierung dar. Die Wände des Verkauflokals bestehen oft aus lauter Spiegeln, und die von zwanzig und mehr Gasflammen beleuchtete Pracht zeigt sich vervierfacht dem staunenden Beschauer. – Der Omnibuskondukteur ruft »Hyde-Park!« Wir sind an der Ecke von Oxford-Street und Park-Lane und steigen ab. Nehmen wir an, es sei fünf Uhr nachmittags; wir treten in den vor uns liegenden Park und nehmen Platz auf einer Bank. Hier haben wir täglich das Longchamps der Pariser. Was die Fashion für heute heiligspricht, das bewegt sich an uns vorüber. Ein neuer Gig des Lord B., ein geschmackvoller Reitanzug der Lady M., der falbe Hengst des Baronet V., auf den drei Tage zuvor tausend Pfund gewettet und gewonnen wurden – hier wirst du sie finden, hier hält die Aristokratie ihre Fensterparade vor sich selbst und dem staunenden Volke ab. Und ist der letzte Reiter an dir vorüber, und siehst du im Glanz der untergehenden Sonne London mit seinen Kuppeln und zahllosen schlanken Feueressen, die minarettartig sich hier und da erheben, wie eine Stadt des Propheten vor dir liegen, dann rufe dir alle die verschiedenen Bilder, die es im Lauf des Tages vor dir entfaltete, ins Gedächtnis zurück. Erinnere dich, dass du frühmorgens in die Dockskeller tratest, die wiederum ein London unter der Erde genannt zu werden verdienen, erinnre dich, dass jede Weinsorte ein unterirdisches Stadtviertel bildete, darinnen die aufgetürmten Fässer als die Stockwerke hölzerner Häuser betrachtet werden konnten, darinnen wir lange dunkle Gassen passierten, lampenerhellt wie unsre Straßen bei Nacht. Erinnre dich, dass wir aus den Docks an Bord eines Dampfers traten und, vom Tower aus die Themse hinauffahrend, die menschenbedeckten Steamer so zahllos uns vorüberfahren sahn wie die Fiaker in unsren Straßen, erinnre dich der kühngewölbten Brücken, unter denen wir dahinflogen und über welche rastlos eine dunkle Menschenwoge rollte, erinnere dich dann des City-Gewühls und der märchenhaften Pracht des erleuchteten Westends und gestehe, dass London großartig und unvergleichlich ist.

Ein Sommer in London

Richmond

Die großen Tyrannen sind ausgestorben; nur in England lebt noch einer – der Sonntag. Er wird auf die Nachwelt kommen wie Cambyses und Nero; nur zündet er die Städte nicht an, denn die Flamme ist Geist; Wasser aber ist *sein* Wesen und *seine* Gefahr – das Element der Langeweile. Womit vergleich' ich einen Londoner Sonntag? Leser, hast Du jemals einen Abschiedsschmaus gefeiert: feuriger Wein und feurige Rede, Rundgesang und Lichterglanz, Freunde mit blauen und Schenkinnen mit schwarzen Augen, Lust und Leben, Liebe und Leidenschaft um Dich her – so schliefst Du ein. Du erwachst: die Morgensonne fällt ins Zimmer, alles öd und leer, im Winkel Scherben, ein niedergebranntes Licht spricht von vergangener Lust, und eine verschlafene Magd kehrt aus – *das* ist ein Londoner Sonntag.

Wir gehen den »Strand« hinunter; Glockenklang und Sonnenschein sind in der Luft und bieten uns die Wahl. Wir sind nicht von den Unkirchlichen: aber die Sonne ist seltner in London als die Kirche, und wir fürchten die Eifersucht jener fast mehr noch als dieser: so denn hinaus in Wald und Feld. Aber wohin? Da rollt zu guter Stunde ein Omnibus an uns vorüber und wir lesen in goldnen Lettern »*Richmond*«. Ja, Richmond! doch wir sind Deutsche, und eh wir uns noch bestimmt entschieden haben, ist Kutscher und Kondukteur uns aus dem Gesicht, und nur das goldne »Richmond« leuchtet noch von fern wie ein Stern der Verheißung.

Ja, nach Richmond! aber zu Wasser. Wir biegen, nach Süden zu, in die Wellington-Straße ein, erreichen die Waterloo-Brücke, werfen einen flüchtigen aber bewundernden Blick auf diese steinerne Linie, die über den Fluss läuft, und steigen dann rasch die Stufen zu einer jener schwimmenden Inseln hinab, die, aus Pontons gezimmert, rechts und links an den Ufern der Themse auftauchen und die Stationen bilden für eine Flotte von Steamern. Schon läutet's; beeilen wir uns. Es ist die »Wassernixe«, die eben anlegt; das Billett ist rasch gelöst und der nächste Augenblick sieht uns unter viel hundert geputzten Menschen, alle entschlossen, wie wir selbst, die »Wassernixe« zur Arche Noah zu machen, die uns der Sündflut einer Londoner Sonntagslangweil entführen soll.

Wir nehmen Platz an der Feueresse und haben alsbald nicht Ursach, unsere Wahl zu bereuen: vor uns auf grüner Bank sitzt eine echt englische Familie, Vater und Mutter, zwei Töchter und ein Bräutigam – alles Vollblut aus der City, weniger dem Gelde als der Abstammung nach. Der Alte, Seifensieder oder Talglichtfabrikant, trägt viel von jenem Selbstbewusstsein zur Schau, das nur ein alter und unbefleckter Stammbaum leiht, und seine Stirne erzählt von jenem Ahnherrn, der schon Lichte zog, als Katharina von Aragonien ihren Einzug hielt und die City illuminiert war wie nie zuvor. Die Töchter sind hübsch, wie – alle englischen Töchter. Die ältere ist Braut: sie trägt einen krausen Scheitel, ein hohes schwarzes Seidenkleid, worüber in fast vornehmer Schlichtheit sich der schmale, weiße Halskragen legt, und ihre Hände und ihre Blicke ruhen nebeneinander auf ihrem Schoß. Sie ist bräutlich-verstimmt, oder bräutlich-sentimental, oder – beides. Vor ihr steht der Erwählte, noch jung an Jahren, aber alt an Weisheit und Verstand. Seine magre Blässe verweist auf Eagle-Tavern und manche durchtanzte Nacht; im Übrigen ist er Engländer von Kopf bis zu Fuß. Er trägt glanzlederne Stiefel, eine blaue Krawatte und die Vatermörder von der vorschriftsmäßigen Sonntagshöhe; die Taille seines Fracks sitzt noch um zwei Zoll tiefer als die seines Wochenrocks, und vorn im Knopfloch trägt er die ganze Poesie seines Lebens – eine Rose. Er zupft an den Vatermördern und neigt sich flüsternd zur Braut; sie aber schweigt noch immer. Da fällt plötzlich, wie Friede bittend, die Rose in ihren Schoß, und siehe da, das blaue Auge blickt schelmisch auf, als sprach' es: »Das war es, was ich wollte.« Die jüngere Schwester ist allein und – ist es nicht. Wind und Sonne sind um sie her. Sie spielt mit dem zierlichen Schirme wie mit einem Fächer, und während sie vor dem Himmel und seiner Sonne sich schützt, bleibt uns Irdischen noch eben Raum genug, uns an dem Lächeln ihres Mundes zu erfreuen. Ich tu's; aber dreister ist der Wind: er fasst ihre langen Locken und löst sie auf, und wenn sein Glück nicht so flüchtig wäre, man könnte ihn drum beneiden. Die beiden Alten aber sitzen steif und regungslos, wie ägyptische Königsbilder, nebeneinander und halten einen baumwollenen Regenschirm gravitätisch in ihrer Hand. Von Zeit zu Zeit blicken sie auf ein Wölkchen, das über die lachende Stirn des Himmels zieht, und ihren Schirmstock fester fassend, sehen sich ihre Seelen voll Einverständnis an, als wollten sie sagen: auch unsere Stunde wird kommen.

Der Steamer inzwischen hält Wort: er ist eine »Nixe« und die Flut sein befreundet Element. Durch die Brücken hindurch geht es stromauf, vorbei an Palästen und Kirchen, die ihre Türme im Wasser spiegeln, vorbei an Westminster und Parlament, an Vauxhall und Chelsea, bis endlich die dichte Steinmasse zu armen, vereinzelten Häuschen wird, ähnlich der kleinen Münze, die weit über den Tisch läuft, wenn irgendwo ein Reichtum ausgeschüttet wird. Endlich verschwinden auch diese; nur Wiesen und Weiden noch zu beiden Seiten, bis plötzlich der Steamer hält: wir sind in Kew.

Von hier bis Richmond ist nur ein Spaziergang. Wir haben kein Auge für das Winken des Omnibuskutschers, der eben an uns vorüberfährt: Gärten rechts und Hecken links, so machen wir uns auf den Weg. Keine Stunde – und Weg und Stadt liegen bereits hinter uns; noch wenig Schritte bergan, noch dieses Tor, und wir sind in Richmond-Park. Unter allen Weibern sind das die reizendsten, die sich zu verschleiern und zu rechter Stunde, wie Turandot, auszurufen wissen: »Sieh her, und bleibe deiner Sinne Meister!« Es ist mit den Landschaften wie mit den Weibern; wer das nicht glauben will, der verliebe sich oder gehe nach Richmond. Wir sind in den Park getreten; der Kiesgang vor uns, die Buchen- und Rüsterkronen über uns verraten nichts Außergewöhnliches; gleichgültig, mit unsern Gedanken weit fort, gleiten unsere Finger an dem Eisengitter entlang, bis plötzlich ein Luftzug uns anweht und wir aufblicken. Wir stehen an einem Abhang, der ein »hängender Garten« ist. Weiß- und Rotdorn, mit ihrer Blütenfülle das dunkle Grün ihres Blatts verdeckend, tauchen wie Blumen-Inseln aus dem leisebewegten Grasmeer auf; wie ein Sinnbild des Reichtums dieser Fluren webt der Goldregen seine üppig gelben Trauben in dies Bild, und Fußpfade schlängeln sich rechts und links wie ausgestreckte Arme, die Dich einladen, teilzunehmen an all dem Glück. So reich die Nähe, aber reicher noch die Ferne. Am Fuß des Abhangs dehnt sich ein weites Tal, drin Rasen und Ginster sich um den Vorrang streiten, Laubwald, hoch und dicht, umschreibt einen grünen Kreis um so viel Lieblichkeit, und das blaue Band der Themse, bedeckt mit Inseln und Böten, gleitet mitten hindurch wie ein Streif herabgefallenen Himmels. Frischer weht der Wind, würziger wird die Luft, tiefer sinkt die Sonne, aber immer noch stehst Du, die Hand am Gitter, und blickst hinunter und atmest und träumst. Der Park ist weit und groß; Du durchwanderst ihn nach allen Seiten, freust Dich an den Herden, die darin lagern, an den Schmetterlingen, die ihn durchfliegen, und den bunteren Menschen, die ihn durchziehn, aber in Deiner Seele lebt immer noch jenes erste Bild, wie die Klänge einer bewältigenden Melodie, die man am Abend hörte und noch am Morgen summen muss, man mag wollen oder nicht. Die fröhliche Menge eilt zu Ball- und Kricketspiel, zu Jahrmarkt und Polichinell: Du aber steckst, wie die Plantagenets taten, einen Ginsterzweig an Deinen Hut, und, im Vorübergehen, aus dem Becher dieses Richmond-Tales noch einmal trinkend und Dich mühsam losreißend wie aus Freundesarm, kehrst Du zurück an das große Schwungrad der Welt, das sich London nennt, und gibst Dich aufs Neue ihm hin, mutig, aber Dir selber unbewusst, ob es Dich fördern oder zermalmen werde.

Jenseit des Tweed. Bilder und Briefe aus Schottland

Von London bis Edinburgh

»Nach Schottland also!« Die Koffer waren gepackt, die Billetts gelöst, und als der Spätzug sich endlich in Bewegung setzte und majestätisch aus der Halle des Kings-Cross-Bahnhofs hinausglitt, überlief es mich ähnlich wie vierzehn Jahre früher, wo es zum ersten Male für mich hieß: »Nach England!«

Ähnlich sag' ich, denn vierzehn Jahre sind eine lange Zeit und nehmen uns viel von Begeisterung und Fähigkeit zur Freude. Wie steht jener Tag noch klar vor meiner Seele, der damals über meine Reise entschied. Ich war Soldat und auf Königswache. Der Offizier hatte seine liebe Not mit uns, denn wir waren zwanzig Freiwillige oder mehr, und jeder, der Soldat gewesen ist, weiß, was es mit solchen Volontärwachen auf sich hat. An Disziplin war Mangel, aber Überfluss an guter Laune, und während die einen über Tisch und Bänke sprangen, spielten die anderen Dreikart oder gaben sich durch Vortrag von Hauptmanns- und Kompagnieanekdoten ein möglichst martialisches Ansehen. Es war ein kostbarer Maitag; begierig nach frischer Luft, hatte ich eben draußen in der Säulenhalle Platz genommen und blickte, den ungewohnten Helm hin und her schiebend, auf den schönen, breiten Opernplatz, der sonnenbeschienen vor mir lag. Da weckte mich ein leiser Schlag auf die Schulter. Als ich aufblickte, stand ein Freund vor mir, sonnenverbrannt, in Reisekleidern, jener Glücklichen einer, an die sich das beatus ille des Dichters richtet. Er lachte über den »Grenadier«, der ihm noch neu an mir war, und fragte dann kurz: »Willst du mit nach England? Ich reise morgen Abend.« – »Aber Urlaub!« – »Das ist deine Sache.« Das Gespräch gedieh nicht weiter; der Posten draußen rief uns mit lauter Stimme an die Gewehre. Wir traten an. Ablösung vor. Fünf Minuten später schilderte ich schon vor dem Gouvernementsgebäude in der Wallstraße. Niemals wohl hat der alte Müffling eine Schildwacht vor seiner Tür gehabt, der das Herz so hoch geschlagen hätte wie mir an jenem Nachmittage.

Voll so hoch schlug mir das Herz jetzt nicht, aber es schlug doch freudig und dankbar zugleich, als mein diesmaliger Reisegefährte dem hinter uns verschwindenden London ein Lebewohl zuwinkte und mit Genugtuung die Worte wiederholte: »Nach Schottland also!«

Wir fuhren dritter Klasse, halb ersparungs-, halb beobachtungshalber, und hatten trotz einiger Unbequemlichkeiten nicht Ursach, unsere Wahl zu bereuen. Der bis auf den letzten Platz besetzte, durch keine Zwischenwände geschiedene Wagen glich einem Auswandrerschiff. Die Mittelbank, auf der wir saßen, zog genau die Grenzlinie zwischen zwei verschiedenen Elementen, aus denen unsere Reisegesellschaft bestand, zwischen armen Engländern und sparsamen Schotten. Denn der Engländer fährt nur dritter Klasse, wenn er *muss*, der Schotte, wenn er *kann*. Nachdem die ersten Tunnel und Überbrückungen passiert waren, schwand die gegenseitige Zurückhaltung rasch, und der Austausch jener kleinen Dienste und Bequemlichkeiten begann, wie er nicht auszubleiben pflegt, wo sich 40 oder 50 Menschen, wenn nicht zu gemeinsamer Gefahr, so doch zu gemeinsamer Strapaze zusammengepfercht finden. Dick zusammengefaltete Tücher wurden den Damen angeboten, um die Ecken und Kanten minder scharf, das Holz der Bänke minder hart zu machen, und über das Öffnen und Schließen der Fenster kamen die Erkältungsgeneigten mit den Ventilationsbedürftigen zu einem gefälligen Kompromiss. Vor uns saßen die Engländer. Da waren zunächst zwei arme Frauen mit ihren Kindern, vier oder fünf an der Zahl. Sie hatten die Doppelbank am äußersten Rande des Wagens inne und hausten darin wie in einer Privatkajüte. Milch wurde gewärmt, die Brust gegeben (mit jener Unbefangenheit, die den englischen Frauen der unteren Stände eigentümlich ist), und die Flaggen, die dann und wann zum Fenster hinauswehten, waren im Einklang mit all dem Übrigen. Vor ihnen saßen zwei junge Leute, augenscheinlich aus guter Familie, Schüler, die eine Ferienreise nach Schottland machten und unter Lachen behilflich waren, wenn die Kinderstube in ihrem Rücken diese oder jene Dienstleistung wünschenswert machte. Neben ihnen eine alte Lady in Trauer. Freundlich, aber abgehärmt, schmucklos, aber sauber und in wahrem Rigorismus selbst die hölzerne Rückenlehne ihres Sitzes verschmähend, so saß sie da, ersichtlich die Frau eines Offiziers, der, an der Dschamna vielleicht oder im Pandschab gefallen, ihr einen geachteten Namen und nichts weiter hinterlassen hatte.

Heitrer, farbenreicher sah es in der zweiten Wagenhälfte aus, der wir den Rücken zukehrten. Das schottische Element bewährte sich in seinem pittoresken Reiz. Keine nacktbeinigen Kiltträger waren zugegen, aber die blauwollene schottische Mütze mit ihren lang herabhängenden Seidenbändern (eine Tracht, deren Karikatur wir nur in unseren deutschen Städten kennen) saß malerisch auf den Köpfen der jungen Männer; Plaids in allen Mustern und Farben dienten diesem als Mantel und jenem als Kissen, während grau- und weißkarierte Tücher sich überall hin ausspannten und dem Ganzen den Charakter eines romantischen Feldlagers gaben.

So ging es dahin. Die bekannten Bilder englischer Landschaft zogen an uns vorüber. Die Sonne war längst unter, auch das Abendrot schwand jetzt, und nur jenes zauberhafte, dunkle Blau lag noch in breiten Streifen am Himmel, das in diesem Lande so gern und so schön einen klaren Tag beschließt. Ohne Aufenthalt brausten wir durch ein halbes Dutzend Stationsplätze hindurch; erst in Peterborough (einer Kathedralenstadt, 15 deutsche Meilen von London) machten wir halt, um einen anderen Zug abzuwarten. Inzwischen war es Nacht geworden, und jeder schickte sich an, der Ruhe zu pflegen, so gut es die Wände und Bänke irgend erlaubten. Die Schüler lagen schnarchend auf harter Diele, die Kinder schliefen, die Flaggen waren eingezogen; nur die alte Lady saß noch immer aufrecht, fest entschlossen, stärker zu sein als Schlaf und Ermattung.

Die Geschwindigkeit, mit der wir fuhren, wuchs jetzt: 40 englische Meilen die Stunde. Man überantwortete sich seinem Gott und schlief ein. Dann und wann hielt der Zug, und unbekannte, wenigstens unverstandene Worte trafen das Ohr, endlich aber schüttelte das in Traum und

Halbschlaf lang herbeigesehnte: »York, York, fifteen minutes« den Schlaf von aller Augen, und halb schiebend, halb geschoben, fanden wir uns endlich an einer langen Tafel wieder, auf der die Zugehörigkeiten eines englischen Frühstücks serviert waren. »Tea«, »Coffee«, »Soda-Water«, klang es hier fordernd durcheinander. 15 Minuten sind wenig Zeit für hundert Gäste und drei verschlafene Kellner. Meine Tasse Tee war erst halb geleert, als die Glocke draußen schon wieder lärmte. »Das war also York!«, rief ich dem Freunde zu, mich neben ihm in die Ecke drückend. »So gehen uns die Wünsche unsrer Jugend in Erfüllung. Statt des Doms ein Bahnhof und statt des Platzes, drauf Percy starb, eine Restauration mit doppelten Preisen.«

Als wir Newcastle erreichten, dämmerte bereits der Morgen; zu unserer Linken lag die Stadt, schwarz und finster, wie aufgebaut aus Kohlenblöcken. Eine Stunde später waren wir an der schottischen Grenze. »Berwick, Berwick!«, riefen die Schaffner und gönnten uns Zeit, einen Umblick zu halten. Der ganze Platz macht immer noch den Eindruck einer Grenzlokalität, auch jetzt noch, wo der alte, halb zerfallene Wartturm nichts mehr bedeutet als eine Mahnung an Zeiten, die nicht mehr sind. Der Tweed geht hier ins Meer, und sein Bett, das mehr einer weiten Felskluft als einer Flachlandrinne gleicht, unterstützt die Vorstellung, dass wir hier an einem *Grenzfluss* stehen.

Die Morgensonne lacht freundlich, während wir die schottische Landschaft durchfliegen. Die Felder, die Art der Bestellung, das Seltenerwerden der Hecken, alles weicht ab von dem in England Üblichen und ruft uns (wie vieles andere noch, auf das wir stoßen werden) die Bilder deutscher Heimat mehr und mehr ins Gedächtnis zurück. Bei Dunbar gesellt sich noch ein anderer Gruß aus der Heimat hinzu, wir haben uns der Küste bis auf wenige tausend Schritt genähert, und das *deutsche* Meer liegt leise schäumend zu unserer Rechten. Hier wendet sich die Bahn, die bis dahin ununterbrochen nordwärts lief, plötzlich nach Westen und ungefähr die Linie innehaltend, die ihr der schöne Meerbusen des Forth vorschreibt, führt sie uns nach einer kurzen halben Stunde durch eine bald im Morgennebel, bald im Sonnenglanze daliegende Landschaft dem ersten Ziel unserer Reise entgegen. Villen und Parks, chaussierte Wege und Brücken, Häuser, Menschen und immer wachsender Verkehr verkünden uns, dass wir einer großen Stadt, einem Mittelpunkt weiter Bezirke uns nähern, und ehe wir noch Zeit gefunden haben, uns in dem immer bunter werdenden Bilde zurechtzufinden, lässt der Zug in seinem Fluge nach, und die 10 Stock hohen Steinhäuser Edinburghs tauchen grau und majestätisch vor uns auf.

Theodor an Emilie Fontane

Paris d. 16[t] Oktob. 56
Hôtel du Louvre

Meine liebe Frau.
Heut an unsrem Hochzeitstage muss ich doch ein paar Zeilen schreiben; ich versäume auch nicht viel, denn eigentlich ennuyier' ich mich. Um nicht ungerecht zu sein: die Schuld liegt an mir und nicht an Paris. Die Stadt – wie ich mich nun im Laufe von 3 Tagen überzeugt habe – ist beides schön und großartig, aber bleibt, und das ist ihr einziger Fehler, an Großartigkeit und meinem Geschmacke nach auch an *Schönheit*, doch hinter London zurück. Überall, das sei noch extra hervorgehoben, bemerk' ich etwas Diebshöhlenhaftes oder im günstigsten Fall einen prahlenden aber verdächtigen Lappen, der die Blöße oder den Schmutz nur so obenhin verbirgt. Auf diese letztern Beobachtungen hab' ich nicht den Mut besondres Gewicht zu legen, aber das muss ich wiederholen, dass ich London imposanter und vielleicht *um deshalb* auch schöner finde. Der Montblanc ist nicht absolut schöner als die Müggelsberge, er ist nur imposanter und *dadurch* schöner. Ich muss auf diese Dinge Gewicht legen, um dadurch meine malcontente Stimmung zu erklären. Als ich vor 4 ½ Jahr nach London ging, hatt' ich daselbst auch nichts und war noch dazu unendlich viel bedrückter als jetzt. Nichtsdestoweniger hatt' ich Momente äußerster Befriedigung, wenn ich meine oftbeschriebenen Themse- oder Omnibusfahrten machte. Wär' ich damals statt nach London

nach Paris gegangen, so würde der Eindruck ziemlich derselbe gewesen sein, aber das ist nun doch 'mal nicht geschehn und London hat die Fettaugen meiner Begeisterung abgeschöpft. Wer zuerst kommt, mahlt zuerst.
Paris hat auch gar nicht die Absicht an Großartigkeit des Lebens und Treibens mit London zu konkurrieren. Es will vor allem bilden, lehren, unterhalten. Ich bin fest überzeugt, dass es darin, besonders was das »Plaisir« angeht, London unendlich überlegen ist, aber ich bin nicht in der Lage von dieser Überlegenheit zu profitieren. Ob die hiesigen Museen und Galerien besser sind als die englischen, ist beiläufig bemerkt noch sehr die Frage; aber zugegeben dass sie's sind, so gehört doch ein monatelanger Aufenthalt dazu, um diese Vorzüge völlig als solche zu erkennen und zu würdigen. Diese Galerien sind mein Trost, aber sie können doch nicht *alles* tun. Nun kommt die Hauptsache: das Vergnügen, die Unterhaltung. Ja, du lieber Himmel! Wenn ich 20 Jahr wäre und ein junger Graf (oder ein brillant bezahlter Kommis, was so ziemlich dasselbe ist) und eine Grisette hielte und eine Loge im Theater hätte und leichten Sinnes wäre und Schulden machte und gut Französisch spräche – ei, da möchte das ein kostbares Leben sein, ein Leben an das man noch mit Freuden zurückdenkt, wenn man die Gicht hat und mit dem Kopfe wackelt, aber aus einem Kaffeehaus ins andre fallen und immer wieder schwarzen Kaffee trinken und »Constitutionel« buchstabieren, das ist doch wirklich ein erbärmliches Vergnügen und mehr eine Arbeit als ein Genuss. Hätt' ich einen Freund hier, da wäre viel gewonnen, aber von der üblichen Paris-Bewunderung würde und könnte auch *dann* nicht die Rede sein. Um sich hier zu amüsieren, bedarf es gewis-

ser guter und schlechter Eigenschaften, die ich *beide* nicht habe. Zunächst muss man Französisch können und das ist die eine große Tugend, die ich nicht habe. Außerdem muss man Libertin sein, Hazard spielen, Mädchen nachlaufen, Rendezvous' verabreden, türkischen Tabak rauchen, das Billardqueue zu handhaben wissen etc. Wer von alle dem nichts hat und weiß, der ist ein verlorenes Subjekt und tut gut seine Koffer zu packen, wenn er sich den Schwindel angesehn und seine Kunstvisiten im Louvre und in Versailles beendigt hat. Ich geh erst wieder hieher, wenn ich genug Französisch weiß, um an dem geistigen Leben und Treiben einigermaßen teilnehmen zu können und dann geh' ich nicht allein her, sondern in Gesellschaft und zwar, so Gott will, mit Dir. (…)
Diesen Brief sei so gut an Papa zu schicken. Schreib' ihm dabei, er sollte noch einen eignen Brief außerdem (wie ja auch versprochen) empfangen; ich trüge indes Sorge, dass mein nächster an ihn gerichteter Brief weniger ausführlich werden könnte und so läge mir daran, dass ihm die heute deponierte Weisheit nicht entginge. In der Tat kann ich schwerlich was andres oder gar neues schreiben und bringt man dieselbe Ware zum zweiten Mal zu Markte, so ist sie durch langes Stehn eher schlechter als besser geworden.
Nun leb mir sehr schön wohl; tausend Küsse euch allen: Mama, Lischen, dem boy und – Dir von eurem
Theodor.

Theodor an Emilie Fontane

London d. 1ten Novemb. 56
92 Guilford Street

Meine liebe Frau.
Habe Dank für Deine eben erhaltenen freundlichen Zeilen. Sie haben mich insofern enttäuscht, als ich eigentlich gedacht hatte: *es sei da* [= das Baby, Sohn Theo]. Der nächste Brief wird wohl Mutters oder Lischens Handschrift auf der Adresse tragen; gebe Gott, dass sein Inhalt ein freudiger ist. Vielleicht wird das Kind am 4ten November geboren; das ist der lang erwartete Tag wo in Nord-Amerika die Präsidenten-Wahl stattfindet. Wenn es ein Junge ist, wollen wir ihm den Namen des Siegers als Vornamen geben; oder vielleicht ist es nobler und humaner das Gemüt des Besiegten durch solche Huldigung wieder aufzurichten. Theodor Buchanan Fontane, wie hübsch das klingt! Ja, die Sache geht noch weiter; es passt auch wenn es ein Mädchen ist: der eine Kandidat heißt »Fillimore« das klingt ganz weiblich und hübsch dazu, und erinnert an die reizende »Fennimore« in einem Roman der guten Paalzow. Was es also auch sein mag, für aparte Namen ist wenigstens gesorgt.
Wollte Gott, dass für alles andre ebenso gut gesorgt wäre. Das bringt mich mit einem tüchtigen Sprunge von der poetischen Paalzow direkt auf den prosaischen Geldpunkt. Es ist mir durchaus lieb, dass Du Mutters Rat gefolgt bist und die Summe aufgeschrieben hast, die zu Neujahr ganz unerlässlich ist. Versteht sich muss sie be-

schafft werden und sie wird auch. Die 2 Monate *bis* zum 1ten Januar sind mir um vieles bedenklicher als der 1te Januar und seine Geldansprüche selber. Du wirst gleich sehn, weshalb; einmal weil ich in diesen 2 Monaten größre Ausgaben habe als nachher, zweitens weil die Einnahmen oder richtiger die Besitzstände unverhältnismäßig gering sind. Dazu kommt, dass es mich wirklich verstimmt Dir zu Deinem Geburtstag nichts schenken zu können; wie es zu Weihnachten wird mögen die Götter wissen.

Ich hole mir heut auf der Gesandtschaft mein Novembergeld und noch 5 £ Rest vom vorigen Monat, sind 20 £ = 133 T 10 Sgr. Davon aber hab ich über 50 T für die Seidenkleider auszugeben, sodass mir statt 100 nur 80 T pro November bleiben. Nun muss ich durchaus einen dicken Rock haben; in meinem dünnen Pelissier hab' ich so jämmerlich gefroren dass ich mich erkältet habe und den Pelz kann ich aus allen möglichen Gründen nicht tragen. Ich schwatze hierüber so breit, weil ich fühle dass es einen schlechten Eindruck machen kann, wenn ich wieder für mich sorge und Dich leer ausgehn lasse; stecktest Du aber in meiner Haut, so würdest Du wissen, dass es diesmal nicht der liebe Egoismus ist, was mich zu neuen Ausgaben zwingt. Wahrscheinlich werd' ich den Direktor zu diesem Behuf um einen kleinen Vorschuss angehen müssen; es ist eine Existenzfrage für mich, denn ich stehle mich mit meinem Pelz nur in der Schummerstunde durch die Straßen und bin jeden Abend einsam zu Hause, weil ich in diesem altdeutschen Ratsherrn-Aufzug weder Club noch Meeting noch Theater besuchen kann. Und ein klein bisschen Zerstreuung täte mir so wohl.

Das führt mich auf mein Leben. Ich bin nicht verstimmt, nicht traurig, in diesem Augenblick sogar stillzufrieden, aber ich muss doch sagen – es ist von einer unglaublichen Tristheit. Ich bin absolut ohne allen geistigen Verkehr und es wird immer schlimmer. Seitdem Schweitzer im London-Hospital ist, fehlt auch er. Er hat nämlich einen Rüpel von Kollegen, mit dem er zusammen wohnt, sodass man ihn nicht besuchen kann ohne den Rüpel mit in den Kauf zu nehmen. So bleibt man denn weg und wir sehen uns nur sonntags auf ein paar Stunden. Früher hatt' ich nicht nur den Schweitzer, sondern auch den Wood und die liebe, gute Portier-Familie; aber das ist nun alles vorbei und so schrecklich wenig es war, so fehlt es einem doch, es waren doch – Menschen. Meinen Dr Morris hab' ich noch nicht aufgesucht. Er ist ein feiner, lieber, artiger, sehr unterrichteter Mann, aber wir stehen zueinander wie am ersten Tage unsrer Bekanntschaft, freundlich und – fremd. Wenn ich ihn besuche – gut, wenn ich ihn nicht besuche – auch gut; ein solches Verhältnis kann ich aber nicht ertragen; ich bin daran gewöhnt, dass mein Besuch erfreut und wo ich das nicht wahrnehme, da bleib ich weg. Ich werd' ihn von Zeit zu Zeit besuchen, aber selten. Ich bin fest entschlossen, mir an meiner Stellung und meinen Jahren nicht länger etwas zu vergeben; ich will nicht jedem jungen Menschen länger die Cour machen und wenn das zu absoluter Einöde führt, so werd' ich sie ertragen. Dies würde mir gar nicht so schwer werden, wenn ich bessre Nerven hätte; ich kann es beschwören, dass es mir jetzt eine wahre Freude ist von morgens früh bis abends spät zu schreiben und zu lesen, aber – ich kann es leider nicht aushalten. Ein paar Tage geht es, aber dann bin ich wie im Fieber, muss mich ausruhn und weiß dann in diesen Ruhestunden nicht was ich anfangen soll. Stilles, harmloses, unbedeutendes Geplauder das einem so wohltut und die Stunden hinbringt, kann ich mir nicht verschaffen. Die Abende sind so lang und in die Clubs kann ich nicht weil – der Rock fehlt. Nun bin ich wieder bei dem Rock und fahre da fort wo ich mich vorhin unterbrach.

Ich hatte die Schattenseite meiner Finanzzustände wohlweislich zuerst gemalt; nun kommt die Lichtseite. Etwas Gratifikation wird sich am Ende doch wohl noch finden, wär' es auch nur als Ausgleichung für eine lange Arbeit, die ich dem Direktor gratis einsenden muss. Dann gibt es vom 1ten Januar ab mehr Gehalt und sollten sich keine andren Einnahmen finden, so würd' ich Dir den Betrag der ersten 3 Monate mit 75 T auszahlen lassen. Also Du siehst – Not ist nicht. Dazu kommen die Zeitungs-Einnahmen. Ich weiß freilich nicht, ob sich die Sache mit der Kreuz-Zeitung fixieren wird oder nicht, doch hoff' ich es. Zerschlägt sich's und zerschlägt sich's ebenso, dass ich für eine englische Zeitung (mit Burows Hilfe) den russischen Artikel besorge, so ist immer noch nicht verspielt. Aufsätze die ich von hier aus schreibe, werden immer ihren Abnehmer finden. Nur leugne ich nicht, dass ich zum Aufsatz-schreiben weniger Neigung habe als zum sogenannten »Korrespondieren«. Früher war es gerade umgekehrt. Dieser Wechsel meines Geschmacks hat, glaub' ich, bloß im Geldpunkt seinen Grund. Ein Aufsatz, wenn er irgendwelchen neuen Gedanken enthält, will hin und her erwogen sein und kostet unverhältnismäßig viel Zeit und Mühe; ein Korrespondenz-Artikel ist verhältnismäßig leicht geschrieben, man berichtet entweder eine neue Tatsache, oder man zieht Schlüsse aus gegebenen Fakten, beides macht sich rascher und ist drum profitabler. Dazu kommt noch, dass der Zeitungsbedarf ungleich größer ist als der schönwissenschaftliche; eine Zeitung, in ihrem politischen Teil, kann täglich einen Artikel von mir bringen, in ihrem Feuilleton höchstens wöchentlich einmal.

Für Eggers schreib ich wohl nächstens wieder einen Brief. Ist denn dies unglückselige Kunstblatt immer noch am Leben? Weg damit. Ich lass ihm nochmals sagen: er soll 'rüberkommen. Ich verdenk' es ihm wahrhaftig nicht, wenn er nicht Lust hat, sich mit 37 Jahren wieder auf einen neuen Gaul zu setzen; aber wenn der alte Gaul doch nun 'mal partout nicht will, wenn er lahm oder stätsch ist und seinen Reiter nicht von der Stelle bringt, statt ihn ins nächste Wirtshaus zu tragen, wo Licht ist und Musik und Kalbsbraten, so ist der Reiter ein Tor wenn er nicht absteigt und den Weg zum Ziel zu Fuße macht. Lies ihm das vor. Ich bin überzeugt, dass er als Korrespondent hier gut und anständig leben kann. Freilich Rütli und Ellora is nich; das wissen die Götter.

Über Dein Kommen im Mai, so Gott will, schreib ich das nächste Mal. Ich freu mich sehr darauf und bange doch fast ebenso davor. Es ist hier langweilig und wird es immer bleiben. Die Engländer selber finden es und wie soll es nun gar erst einem Fremden ergehn, der (wie Du) nicht einmal die Times versteht und Zweifel unterhält über die unbedingte Berechtigung des leg of mutton. –

Und nun sei Gott mit Dir und gebe Dir ohne viel Angst und Schmerzen ein gesundes Kind, aber nur eins wenn ich bitten darf. Lebt alle wohl! Viel tausend Grüße und Glückwünsche von Deinem
Theodor.

Theodor an Emilie Fontane

London d. 31. Dezemb. 56
92 Guilford Street

Meine liebe Frau.
Dass ich seit 5 Tagen wieder einsitze, hab ich Dir gestern zu schreiben vergessen. Bis Mittwoch den 19ten war ich krank; dann kam eine Pause von 9 Tagen; Sonnabend den 29ten war ich am alten Fleck und wenn ich nun wieder 'rauskomme, wollen wir sehn wie lang es dauert. Mir ist eigentlich am wohlsten wenn ich krank bin und deshalb vergess' ich es mitunter Dir davon zu schreiben. Es bedrückt mich so wenig dass ich kaum dran denke. Ich friere ein bisschen (oder auch mal sehr, aber dann schreib ich eben nicht) habe ein bisschen Fieber, keinen besondren Appetit und verbrauche Unmassen von Taschentüchern, das ist eigentlich alles, mitunter kommt Heiserkeit oder Kopfweh hinzu, aber nicht stark. Du siehst das ist nicht schlimm und erheischt nur Vorsicht. Seh ich dann auf die Straße hinaus, die entweder voll Schmutz ist oder so neblig dass ich gar nichts sehe, oder wo, wie in der letzten Woche, die Menschen frierend vo-

rüberlaufen, so find' ich dass ich mit meinem perpetuierlichen Schnupfen eigentlich einer von der begünstigten Minorität bin. Von besondren Verlusten und Entbehrungen in Folge solchen Unwohlseins ist gar nicht die Rede. Briefe krieg' ich doch, mit dem Ballspiel spiel ich doch, arbeiten kann ich doch, Kaffee trink' ich doch und Schweitzern seh ich doch. Ich habe also eigentlich alles was mir London gewähren kann. Immer um 12 auf der Gesandtschaft sein müssen ist bloß langweilig, ruiniert mir den ganzen Tag und ist mit Schuld, dass ich mich immer wieder erkälte. (...)
Tausend Grüße und Küsse von Deinem
Theodor.

*

Theodor an Emilie Fontane

Wrietzen, 16. Sept. 62

Meine liebe, gute Frau.
Diese Zeilen erreichen Dich hoffentlich in gutem Wohlsein. Mir geht es gut, nur mein Magen ist verstimmt – die letzten Klopse am Sonnabend widerstanden mir nämlich und ich aß sie doch; diese 3 Fleischklöße liegen mir nun wie drei Sünden im Leibe und werfen mich nachts hin und her. Einnehmen kann ich nichts, da ich doch möglicherweise in den nächsten 24 Stunden mit Comtessen durch Parks schlendre, wo dann ein plötzliches: »Comtesse, entschuldigen Sie« mindestens keinen günstigen Eindruck hervorrufen würde.

Ich war am Sonntag in Falkenberg und Köthen; um 4 ½ nach Freienwalde, um 6 bei Vater draußen, den ich sehr munter traf. Er hat ein schwarzes Schwein, einen großen Liebling, den er »den Pastor von Kükendorf« nennt. So hat er seinen kleinen Spaß. Wir plauderten 6 Stunden lang, unter der üblichen Verhöhnung aller Gesetze der Logik und Konsequenz. Im Ganzen aber war er doch nicht so exzentrisch und sprunghaft wie bei früheren Besuchen.

Gestern (Montag) früh in Neuenhagen, wo noch Uchtenhagensche Grabsteine sind; ich vermied die dortige Frau Oberamtmann und erhielt dann beiliegenden Brief nachgeschickt. Es war aber zu spät.

Gestern um 12 in Freienwalde. Sechs Stunden lang geklettert. Von 6–8 reizende Fahrt nach dem Schlossberg; von 8–11 mit dem Dichter und Drechslermeister Weise beim Biere geplaudert. Um 1 ½ nach Wrietzen, um 1 im goldnen Löwen zu Bett, um 2 eine Wanze gefangen und langsam gebraten, dann rachebefriedigt eingeschlafen. Heut früh hab' ich Briefe geschrieben, an Mama (einen Brief den ich schon in Falkenberg begann) an Frau Steinlein und diesen hier an die mir Angetraute zu Tisch und Bett.

Nun werd' ich einen Wagen nehmen und nach Cunersdorf fahren.

Ob ich noch 'mal schreibe, ist fraglich.

Grüße alles, Groß und Klein, besonders den Liebling und sei tausendmal geküsst von Deinem Gatten und Märker

Theodor.

Theodor an Emilie Fontane

Cunersdorf bei Wrietzen d. 16. Septemb. 62

Meine liebe, gute Frau.
Als feuriger Liebhaber der ich doch nun mal bin, genügt es mir nicht heute Morgen geschrieben zu haben – ich schreibe heut Abend wieder.
Es geht mir ganz gut – aber ich bin doch sehr hin und diese Strapazen, so ungern ich es auch einräume, übersteigen doch meine Kräfte. Es soll eine Erholung sein und ist eigentlich eine riesige Arbeit. Schlösser, Kirchen, Kirchhöfe, Inschriften, Grabschriften, Bilder, Statuen, Parks, Grafen, Kutscher, Haushälterinnen, Vater, poetische Drechslermeister – alles das und hundert andres dazu, tanzt mir hurly burly im Kopf herum, dazu die Landschaftsbilder, die alle beschrieben werden müssen, dazu gestern die Strapaze des Marschierens und Bergekletterns und nun schließlich ein verdorbener Magen – das halte aus, wer kann. Ich habe in diesen 3 Tagen so viel gesehn, dass das bloße Sehen eine Arbeit wäre, aber es sehen und dabei beständig ordnen, schreiben, arbeiten, einreihen in andres, ist wirklich eine große Anstrengung. Zum Glück ist hier niemand im Schloss als ein alter Bedienter und eine freundliche Haushälterin (übrigens über 50) sonst könnt' ich es, wenn ich auch noch gesellschaftlich mich abstrapzieren müsste, geradezu nicht leisten.
Ich werde in einer Stunde zu Bett gehen und hoffe dann endlich mal wieder auszuschlafen.

Verzeih dass ich bloß von mir spreche, aber was soll ich anders schreiben? Du liest doch immer noch lieber von mir als von den alten Uchtenhagens oder vom alten Valentini.
Der Hauptzweck dieser Zeilen ist, Dich um etwas zu bitten was ich heut früh vergessen habe, nämlich für den Fall dass Bosselmann einen Korrekturbogen schickt an diesen zu schreiben (natürlich nur 3 Zeilen, aber artig) dass ich verreist wäre und erst am 21. wiederkäme. Kommt der Bogen erst am 18. so ist es nicht nötig; 3 Tage kann er warten.
Mein Plan ist nun so: morgen (Mittwoch) den Rest der Itzenplitzschen Güter; am Donnerstag nach Neu-Hardenberg; am Donnerstagabend nach Neu-Barnim und Neu-Lewin; am Freitag nach Neuendorf und nach Wrietzen zurück; am Sonnabend nach Möglin und wahrscheinlich noch am selben Tage nach Berlin zurück, sodass ich schon am Sonnabendabend in Berlin eintreffen würde, wenn nicht etwas Störendes dazwischen kommt. – Ist es aber möglich und nicht zu teuer, so möcht ich die Pfuel'schen Güter (die in andrer Direktion liegen) allerdings auch gern noch mitnehmen. Dann käme ich erst Sonntagabend.
Nun lebe wohl »Schatz und Augentrost« grüße, küsse und sei geküsst von Deinem
Theodor.

Kriegsgefangen. Erlebtes 1871

Rückblicke

Ich war achtzehn Tage in Besançon; am 29. Oktober verließ ich es, um, quer durch Frankreich hindurch, über Lyon und Moulins, dann über Poitiers und Rochefort nach der Insel Oléron im Atlantischen Ozean geschafft zu werden. Die letzten drei Tage auf der Zitadelle waren mir in verhältnismäßigem Komfort vergangen; ich hatte sie, infolge eingetretener Intervention, im Offiziergefängnis zugebracht, wo ich in allem, was Speis' und Trank angeht, in der angenehmen Lage gewesen war, meiner Gewohnheit gemäß oder, wie es im Französischen heißt, »im Einklang mit meinem ancien régime« leben zu können. Ein Ausdruck, der mich jedes Mal amüsierte. Über diese »guten Tage von Besançon« berichte ich in aller Kürze im Eingange des nächsten Kapitels; aber *hier* schon, als am passendsten Platz, versuche ich die Eindrücke wiederzugeben, die ich in fast dreiwöchentlichem Zusammenleben mit französischen Soldaten und Zivilpersonen verschiedenster Art von dem Charakter des Volkes, von den Vorzügen und Schwächen desselben empfangen habe.

Es ist die Pflicht zu sagen, dass diese Eindrücke die allerangenehmsten waren und dass ich mir keine Nation denken kann, die in so vielen ihrer aufs Geratewohl gewählten Repräsentanten imstande wäre, ein günstigeres Urteil hervorzurufen. Im Allgemeinen wird man sagen können, dass je nach den Landesteilen, in denen man lebt, auf zehn oder sieben oder fünf Individuen immer ein unleidlicher Mensch kommt; hier lebte ich mit siebzig oder achtzig Gefangenen zusammen, die in der Zeit meiner Anwesenheit zwei oder drei Mal wechselten (sodass ich etwa zweihundert verschiedene Personen kennenlernte), und nicht die geringste Unannehmlichkeit, geschweige Unart habe ich zu erfahren gehabt; sie waren alle verbindlich, rücksichtsvoll, zuvorkommend, dankbar für jeden kleinen Dienst, nie beleidigt durch Widerspruch, vor allem *ohne Schabernack und ohne Neid*. Wir könnten, nach dieser Seite hin, viel von ihnen lernen. Es offenbarte sich mir ein unerschöpflicher Schatz von Gutmütigkeit, leichtem Sinn und heiterer Laune. Lauter Sanguiniker. Viele waren eitel, andere ruhmredig. Wenn ich aber den Rodomontaden [Prahlereien] dieser Letztern scherzhaft erwiderte, hatte ich jedes Mal die Lacher auf meiner Seite. Von nationaler Gereiztheit keine Spur, wiewohl sie alle, ohne Ausnahme, voll lebhaften patriotischen Gefühls waren. Auch ihr *Bildungsgrad*, um das noch zu bemerken, hatte mindestens, bei sonst gleichen Voraussetzungen, das Niveau des unsrigen, wie ich denn überhaupt glaube, dass wir uns nach dieser Seite hin allzu selbstgefälligen Vorstellungen hingeben. Wir glauben eine Art *Schulmonopol* zu besitzen, und es gibt Leute unter uns, die, einen alten »Dieterici« in der Hand, womöglich den Beweis führen möchten, dass jenseits der deutschen Grenze alles Lesen und Schreiben aufhöre, wie etwa 20 000 Fuß hoch das Atmen aufhört.

Ich *meinerseits* habe indessen immer nur gefunden, dass

die Bewohner anderer Kulturländer, besonders der westlichen, nicht schlechter lesen, wohl aber erheblich besser schreiben können als die Menschen bei uns. So in England, Schottland, Dänemark; so auch wieder in Frankreich. Die statistischen Zahlen um deshalb zu befehden, fällt mir nicht ein; sie werden schon richtig sein. Es wird unzweifelhaft, namentlich in England und Frankreich, ganze Volksschichten geben, die ich nicht kennenlernte, *unterste* Schichten, die von der Schule unberührt, mithin auch unerobert blieben; die Zahlen sollen also bestehen bleiben. Aber gestützt auf eben diese Zahlen wächst für viele unter uns ein falsches *Gesamt*bild empor, ein Bild, das, von vornherein verschoben und immer ins *Dunkle* retuschiert, schließlich einfach zu einem Zerrbild wird. Hinterm Berge wohnen auch Leute. – Ich kehre nun zu meinen Mitgefangenen zurück.
Sie waren liebenswürdig, gutherzig, neidlos (so etwa sagt' ich); aber so angenehm der Eindruck war, den sie als Individuen hervorriefen, so traurig war der Eindruck, den jeder Einzelne als Teil des Ganzen machte. Sie boten das Bild völliger Zerfahrenheit, zu nichts eine Herzensstellung einnehmend als zu »La France« und zur Ruhmesgeschichte ihres Landes. Dies ist etwas, aber nicht viel; oft mehr eine Gefahr als ein Segen. Losgelöst von allem Tieferen wird auch die Vaterlandsliebe (die *dann* nur eine gewisse Form persönlicher Eitelkeit ist) leicht zu einer Karikatur, überschlägt sich und gewinnt den Charakter des Hohlen, einer schillernden Seifenblase, eines Nichts. Diese Wahrnehmung hatte ich sehr oft. Ein fester, schöner Glaube existierte an nichts, weder an die Dinge der sichtbaren noch der unsichtbaren Welt. Die

Geistlichkeit wurde beständig verhöhnt, der Kaiser war ein Spott, die Marschälle ein Gegenstand der Verachtung; ich begegnete keiner anderen Überzeugung als der einen, dass *alles käuflich sei*. Sedan war ein »job« im großen Stil; nur Mac Mahon behielt seinen diamantnen Glanz. Der französische Soldat hielt aus bei ihm wie der österreichische (1866) bei Benedek. Aber diese eine leuchtende Ausnahme zeigte nur die Zweifelstrübe, in der man alles andere erblickte, desto deutlicher. Regierung, Kirche, Gesetz, alle drei waren nach ihrer Meinung nur da, um das Volk in Banden zu schlagen und *sich selbst* zu behaupten und zu bereichern. Alles Einzelne sich selber Zweck, nie im Dienst einer Idee, nie im Dienst des Ganzen! Der Eindruck war kläglich und zeigte den tiefsten Verfall. Wie oft sprach es still in mir: glücklich das Land, das diesen Heimsuchungen noch nicht erlegen ist. Das Furchtbare einer Revolution, sie sei nun berechtigt gewesen oder nicht, habe ich nie so lebendig empfunden wie hier. Die klugen Engländer! Sie haben dasselbe getan, aber sie haben *eines* vermieden: *das Brechen mit der Tradition*.

So viel über meine Mitgefangenen. Auch noch ein Wort über Wahrnehmungen, die ich während der schlimmen Tage (denn sie waren nicht alle schlimm) an mir selber machte.

Ich hob schon hervor, wie gleichgültig mich der Wechsel der äußern Glücksumstände, der Wegfall des sogenannten Komfort berührte; ich fand bald heraus, dass sich bei einer dünnen Fleischbrühe, einem Glase Landwein und einigen Schnitten Weißbrot sehr wohl leben lasse, im Grunde genommen besser als bei Mayonnaisen und

Nusstorte. Beiläufig eine furchtbare Zusammenstellung, die durch einen zwischengeschobenen Rehrücken nicht besser wird. Tag um Tag wurde ich an den Ausspruch eines gefeierten Wiener Arztes erinnert, der mir vor Jahren versicherte, »dass er erst Herr seiner Zeit und seines Geistes geworden sei, seitdem er von einer Tasse Bouillon, etwas Brot und einigen Rüben oder Erdäpfeln lebe«. Ich meinerseits trank viel *Tee*, aber nur um mich zu erwärmen und durch Wärme gesund zu erhalten; von Wohlgeschmack konnte bei dem seltsamen Gebräu, das auf der Zitadelle von Besançon den Namen »Tee« usurpierte, keine Rede sein.

So gleichgültig wie gegen allerhand »Lebensbedürfnisse«, die schließlich eben *keine* Lebensbedürfnisse sind, beobachtete ich mich auch gegen gewisse Ansprüche und Feinfühligkeiten des *Ehrenpunktes*. Was mir, vier Wochen früher, ganz speziell auch auf *diesem* Gebiete als eine Lebensunerlässlichkeit erschienen wäre, erschien mir jetzt als Luxus und weil als Luxus auch als entbehrlich und abtubar. Dies überraschte mich, als ich erst dazu kam, über diese Dinge nachzudenken, am meisten; doch haben mir andere seitdem versichert, dass sie dieselbe Gleichgültigkeit gegen all diese mannigfachen Formen und Szenen der Erniedrigung, die eben keinem Gefangenen erspart werden, empfunden hätten. Das Durch-die-Straßen-Geschleppt-, das Angegafft- und Angestarrtwerden, das Geschrei und Gejohle des Pöbels, die zudringlichen Fragen, das Hutabziehen- und Geradestehenmüssen, das Abgezähltwerden bei erhobener Laterne, all das war lästig, bedrücklich, zuzeiten *sehr* unangenehm; ich kann mich aber keines Momentes entsinnen, wo ich all dies als ehrenrührig empfunden hätte. Die Gefangenen, auf ihrem Transporte quer durchs Land, wurden meistens gekettet; ich wartete ruhig auf den Moment, wo mir ein gleiches Los zufallen würde. Es blieb aus, es blieb mir erspart. Ich weiß aber, dass auch *das* mich in meinem Gleichmut wenig gestört haben würde. Man hat das Gefühl des völligen Preisgegebenseins, des Überantwortetseins auf Gnade und Ungnade, und empfindet deutlich, dass die Übergriffe, die sich der Machthaber erlaubt, wohl die *Ehre dieses Machthabers, nicht aber die eigene treffen können.* Vieles zudem, was Flitter ist, wird in solchen Momenten als Flitter erkannt. Das Meiste, worin wir stecken, ist *konventionell!* Der Stein des Gassenbuben, der gegen uns erhoben wird, mag alles treffen, nur unsere Ehre nicht. Wie eine Zauberformel, die hieb- und schussfest macht, schützt uns das alte: Sancta simplicitas.

Ich litt nicht unter dem Wegfall dessen, was man mit größerem oder geringerem Recht als die künstlich gesteigerten Ansprüche einerseits des Wohllebens, andererseits eines gewissen Gefühlsluxus ansehen kann, aber ich litt dafür unter dem Wegfall *solcher* Dinge, die sich der gebildete Mensch recht- und *pflicht*mäßig zur zweiten Natur gemacht hat, unter dem Wegfall der Sauberkeit und alles dessen, was zum geistigen Bedürfnis gehört.

Die Unmöglichkeit einer gewissen, wenn auch bescheidentlichen Pflege des Körpers wurde peinlich genug von mir empfunden, und diese Empfindung, glaub' ich, hat man nicht als etwas künstlich Hinaufgeschraubtes anzusehen. Es ist Pflicht, auf eine Reihenfolge oder eine bestimmte Zubereitung von Schüsseln, wie bescheiden diese immerhin sein mögen, auf launenhafte, unmotivierte Angewöhnungen, vor allem auf alles, was den Charakter der *Verwöhnung* trägt, verzichten zu können, aber es ist *nicht* Pflicht, *nicht* in der Ordnung, sich gegen die Wasch- und Wasserfrage in allen ihren Stadien in gleicher Weise gleichgültig zu stellen. Es gibt freilich, und dies ist nicht ironisch gemeint, einen äußersten Erhabenheitsstandpunkt, wo auch *dies* wieder als ein Äußerliches und Gleichgültiges abfällt, wie die Geschichte der Märtyrer und der Heiligen lehrt, aber mit diesem Maße hat der moderne Mensch nicht Anspruch gemessen zu werden. Für uns liegen die Dinge so, dass mit dem Gefühl des äußerlichen Unsauberseins mehr und mehr auch die Vorstellung einer gewissen innerlichen Unreinheit über uns kommt, ein Gefühl, das uns gradatim allen Mut und alle Zuversicht raubt und uns schließlich dahin bringt, im tiefsten Misstrauen gegen uns selbst, jede Unbill als etwas Selbstverständliches und Wohlverdientes hinzunehmen.

Ich litt hierunter, während der ersten Wochen in Besançon, wie schon angedeutet, ziemlich erheblich; worunter ich aber doch noch mehr litt, das war, dass auch mei nem Geiste alles frische Wasser genommen wurde, sich drin zu erlaben; die Berührung mit geistig Ebenbürtigem hörte auf, und ich verfiel der Phrase, dem Geschwätz, der Trivialität. Es bildete sich eine Konversationsform aus, die ich als Greffier-, Schließer- und Gendarmenunterhaltung bezeichnen möchte, eine unsagbar schreckliche Form geistigen Verkehrs, immer dasselbe, sodass ich zuletzt genau berechnen konnte: »jetzt kommt das«. Der Wiederkäuungsprozess erreichte Grade, dass man sich das Leben hätte wegwünschen mögen. Das Aufsagen meines auswendig gelernten Spruches von: »Reise auf den Kriegsschauplatz, Anwesenheit in Toul und Verhaftung in Domremy«, weil es sich hierbei um *Tatsächliches* handelte, um Realitäten, die niemand besser kannte als ich, war dabei lange nicht das Schlimmste. Das Schlimmste war die Konjekturalstrategie und die in den Wolken schwebende hohe Politik, die ich nolens volens treiben musste! Fragen, über die sich Generalstab und Kabinett bis diese Stunde den Kopf zerbrechen, hatte ich längst gelöst. Ich ließ beständig Armeen marschieren, diese Armeen immer neue Kurven und Schleifen bilden, Hunderttausende von Franzosen wurden bald hier, bald dort gefangen genommen, und nur drei Generale ließ ich als widerstandsfähig und selbst gefahrdrohend für uns gelten, die alten Wintergenerale: Dezember, Januar und Februar. So viel als Stratege. Meine eigentlichsten Untaten verübte ich aber doch als Taschen-Bismarck. Ich schrieb die Waffenstillstands-Paragraphen, entwarf Präliminarien, setzte den Tag des Friedensabschlusses auf vierundzwanzig Stunden ganz genau fest und zog die künftige Grenzlinie zwischen Frankreich und Deutschland mit einer Sicherheit, die nur durch meine genaue Berechnung der Kriegskosten übertroffen wurde. Ich habe (sonst gewissenhaft und beinahe peinlich in Sachen der Unterhaltung) während dieser Gefängniswochen wahre Berge von Schwatzsünden auf mein Haupt geladen und muss dennoch schließlich mich selber wieder dahin rechtfertigen, dass ich nicht gut anders konnte, wenn ich nicht durch kühle Reserviertheit alle Wohlgeneigtheit meiner

Machthaber einbüßen wollte. Ich hatte beständig ein Gefühl der Scham und des Unwürdigen, das in diesem Auftischen vager, fundamentloser Hypothesen und willkürlicher Redensarten lag, und dennoch

… war es Sünde,
So es noch einmal vor mir stünde,
Ich tät es wieder, tät es *doch*.

Aus den Tagen der Okkupation

Im April/Mai 1871 reiste Fontane durch Frankreich zu Schauplätzen des eben zu Ende gehenden Deutsch-Französischen Krieges.

Um 1 ½ war ich in Creil, wo ich Franz-Grenadiere auf dem großen und doch dichtbesetzten Bahnhof begrüßte; eine Stunde später glitt der Zug langsam an den Stellscheiben und Güterschuppen von Mouy vorbei.
Unmittelbar vor dem Stationsgebäude durchschneidet eine Chaussee den Bahndamm, und auf eben dieser Chaussee, keine dreißig Schritt von mir entfernt, hielt eine Kompanie mit roten Achselklappen und wohlzuerkennender Nummer, in Front derselben zwei junge Offiziere, einer davon – mein Sohn. Als einen jungen Kriegsschulfähnrich hatt ich ihn vor kaum Jahresfrist zum letzten Mal gesehn, nun stand er da »in all the pride of war«, Toul und Beaumont und die langen Kanonadentage von Deuil und Montmorency glücklich hinter sich. Es berührte mich doch ganz eigentümlich.
Der Zug hielt; ich sprang hinaus, warf Plaid und Reisetasche in eine Ecke und eilte dem Soldatentrupp nach, der inzwischen die Eisenbahn passiert und einen jenseits beginnenden Feldweg betreten hatte. Ich vermutete einen Übungsmarsch und hatte vor, mich unterwegs wie von ungefähr anzuschlängeln; aber die Kompanie war noch keine dreihundert Schritt marschiert, als sie, nach links hin, auf eine prächtige, an den Rändern hochdossierte

Wiese einschwenkte, um hier ihre Nachmittagsexerzitien zu machen.
Das kam mir ungelegen. Ich setzte mich nun als Zuschauer auf den geböschten Wiesenrand, zog den Hut in die Stirne und verfolgte das Schließen und Einrichten der Glieder mit dem Interesse und der Kennerschaft eines alten Unteroffiziers des später historisch gewordenen Bataillons von Gaudy. Die Ruhe meines Gemüts hatt' ich völlig wiedergewonnen.
Eine andre Unruhe kam aber. Die kleine Kolonne rückte meinem Amphitheaterplatz immer näher; es war eigentlich nur noch eines Zimmers Breite zwischen mir und ihm – er *musste* mich erkennen. Und diese Verlegenheit wollt' ich uns beiden ersparen. Zugleich fesselte mich aber die Situation; ich beschloss also zu bleiben, jedoch unter Anwendung aller nur möglichen Vorsichtsmaßregeln. Ich machte deshalb, ohne mich zu erheben, in liegender Stellung *kehrt*, presste mein Gesicht in den schönen, frischen Rasen und konnte mich nun erst mit völliger Ruhe der Poesie dieses Momentes, seinem sentimentalen und seinem humoristischen Gehalte hingeben.
Wie gut kannt' ich diese Stimme! Etwas Schnauzbärtiges, das ihr, trotz der Abwesenheit dessen, was diesem Worte zur Voraussetzung dient, immer eigen gewesen war, es kam hier zu vorzüglicher Geltung. Einer, an den sich diese Stimme am meisten richtete, weckte meine besondre Teilnahme. »Lohmeier, das is ja gar kein Exerzieren nich«, »Lohmeier, Sie fallen wieder vor.« Da lag ich und dankte Gott im Stillen, dass ich nicht Lohmeier war.
So vergingen die Minuten in stillfreudiger Erregung; ich wurd' es nicht müde und hätte halbe Stunden lang so lie-

gen und lauschen und träumen können, wenn ich nicht – nicht mit dem Auge, wohl aber mit dem Gefühl – ein höchst bedrohliches Gewitter immer näher hätte heraufziehen sehn. Der Hauptmann nämlich, der zu Pferde war, fing an, um seine Kompanie herum immer weitere Kreise zu ziehen, sodass das Getrappel seines prächtigen Rappen bei jeder neuen Kurve, die er beschrieb, mir immer näher zu kommen schien. In wachsender Unruhe raunte ich mir zu: »Er nimmt dich für einen Franzosen, nimmt diese konsequente Rückenzeigung als feindselig-nationale Demonstration«, und wie ein Gespenst (is this a dagger which I see before me) trat die flache Säbelklinge bereits vor mich hin. *So* wünschte ich doch auch nicht an dieser Stelle introduziert zu werden; ich schob mich also zunächst die Dossierung etwas höher hinauf, sprang dann auf, wickelte mich slowakenartig in meinen Überzieher und trottete von dannen.

Nur wo der Weg ein Knie machte, drehte ich mich, im Schutz einer Gartenmauer, noch einmal um und sah wieder nach dem grünen Exerzierplatz hinüber. Es war alles beim alten. »Lohmeier, mehr links!«

Ich schlenderte in die Stadt hinein, suchte und fand ein Hotel und bezog vier Treppen hoch eine Kellner-Mansardenstube. Als ich eben mein Stück Windsor-soap, nach redlich getaner Arbeit, wieder in die Blechbüchse tun wollte, klang der ungenierte Tritt eines Siegers die Treppe herauf.

Der Rest ist Schweigen.

Kassel

Nach sechs Wochen Fremde hat man es meist eilig, wieder daheim zu sein! Es erging mir nicht anders wie andern; aber, eilig oder nicht, ich wollte die Strecke zwischen Rhein und Spree doch nicht durchfliegen, ohne an der Fulda flüchtig Rast genommen und Wilhelmshöhe besucht zu haben. Natürlich nur um seines letzten Gastes, um Louis Napoleons willen. Überall, wohin ich gekommen war, war ich der Erinnerung an irgendeine Phase seines romanhaften, aventürenreichen Lebens begegnet; in Ham, in Straßburg, in St. Denis und Dieppe, vor allem in Sedan hatten seine Taten zu mir gesprochen; ich wollte nun auch die Stätte sehn, die das Fazit war, das schließlich Gott und Geschichte aus dieser komplizierten Lebensrechnung, aus einem Chaos von Addition und Subtraktion, gezogen hatten. Viele begnügen sich mit dem einfachen Regula de Tri-Ansatz: ein Teufel macht eine Hölle, wieviel Höllen macht Napoleon III.? Aber diese Rechnung ist mir doch zu einfach.

An einem schönen Maimorgen – das Pfingstfest dämmerte schon – fuhr ich denn also in Kassel ein, um daselbst einen Tagesaufenthalt zu nehmen. Ich tat es, wie schon eingangs hervorgehoben, um »Wilhelmshöhe« willen; aber wenn neun Zehntel meines Interesses auf dieses letztere fielen, so entfiel das letzte Zehntel doch gut und gern auf Kassel selbst, das ich noch nicht kannte. Es gibt Städte, die einem nun mal, bis zu äußersten Terminen hin, verschlossen bleiben, und zu diesen Städten (neben Braunschweig und Hannover) hatte durch zwanzig Jahre hin, wo ich fast jahraus, jahrein an ihnen vorüberflog, auch Kassel gehört. Ich war also, indem ich Wilhelmshöhe besuchte, zugleich in der angenehmen Lage, eine alte Schuld gegen die weiland kurhessische Hauptstadt abtragen zu können.

Im Großen und Ganzen – alle Kasselaner mögen es mir verzeihen – hat mich ihre vielgerühmte Haupt- und Residenzstadt enttäuscht, was eine Bewunderung im Einzelnen, wie dieses kurze Kapitel zur Genüge erweisen wird, nicht im Geringsten ausschließt. Ich werde meine Gegner, die mich nach diesem Ausspruch zunächst im Verdacht des Borussismus und der Berlinerei haben werden, am besten dadurch entwaffnen, dass ich ihnen erkläre: *Kassel gehört unter die Potsdamme der Weltgeschichte.* Das Wesen dieser Potsdamme – wobei ich Potsdam als alten überkommenen Begriff, nicht als etwas tatsächlich noch Vorhandenes fasse – das Wesen dieser Potsdamme, sag' ich, besteht in einer unheilvollen Verquickung oder auch Nichtverquickung von Absolutismus, Militarismus und Spießbürgertum. Ein Zug von Unfreiheit, von Gemachtem und Geschraubtem, namentlich auch von künstlich *Hinaufgeschraubtem*, geht durch das Ganze und bedrückt jede Seele, die mehr das Bedürfnis hat, frei aufzuatmen als Front zu machen. Front zu machen. Ja, dies ist das Eigentlichste! Ein gewisses Drängen herrscht in diesen der Louis XIV.-Zeit entsprungenen Städten vor, in die erste Reihe zu kommen, gesehen, vielleicht gegrüßt zu werden; vornehm und gering nehmen gleichmäßig daran teil und bringen sich dadurch, während der Hochmut wächst, um mit das Beste, was der Mensch hat: das Gefühl seiner selbst. Es kann keinen wärmeren Lobsprecher des richtig aufgefassten »Ich dien« geben als mich; es ist ein *Charak-*

*ter*vorzug, gehorchen zu können, und ein *Herzens*vorzug, loyal zu sein, aber man muss zu dienen und zu gehorchen wissen in Freiheit. Man hat von den Berlinern gesagt, sie hätten alle »einen kleinen ›alten Fritz‹ im Leibe« (beiläufig das Schmeichelhafteste, was je über sie gesagt worden ist); so kann man von vielen Klein-Residenzlern sagen: sie tragen den Hofmarschall v. Kalb irgendwie oder irgendwo mit sich herum.

So viel über die Menschen. Aber es *bleibt* nicht bei diesen. Wie immer, so modelt sich auch hier die Schale nach dem Kern; der Geist schafft sich den entsprechenden Leib; die Wohnung, die Architektur der Stadt empfängt ihren Stempel nach dem, was darin zu Hause ist. Alles freie, individuelle Schaffen und Gestalten hört auf; die fürstliche Laune, der sich der Hofbaumeister bequemt, lässt überall Straßen für pensionierte Kammerdiener, im günstigsten Falle Schnörkelvillen für alte (oder auch für junge) Hofdamen aus der Erde wachsen, und so entsteht denn jenes steife, parademäßige, mitunter hypersplendide, meist aber kärglich abgeknapste Bauwesen, das langweilt, halb trübselig, halb komisch stimmt und die recht eigentliche Kehrseite bildet von den Giebelhäusern, den »Rolands«, den Gürzenichs, den Werften und Schiffen der freien Städte.

Es ist kein Zweifel, dass sich Kassel mehr und mehr in die Bremen und Lübecks hinein und aus den Potsdams herauswachsen wird. Die Anfänge dazu sind unverkennbar gemacht. Je mehr dies geschieht, desto schöner wird die Stadt werden, für die die Natur so viel getan.

*Wie*viel sie getan, dessen wird man am besten ansichtig vom Au-Tor und der Bellevuestraße aus, von deren terrassenförmiger Höhe man eine zu Füßen gelegene Wieseninsel überblickt. An dieser Stelle konzentriert sich die Schönheit der Stadt. Den Blick drüben auf die abschließenden Berge richtend, hat man den Au-Park tief unten vor sich, den Friedrichs-Platz in gleicher Höhe mit dem Stadt-Plateau hinter sich. Park wie Platz haben einen Überfluss von Palästen, die herzuzählen, bei ihrem auch *architektonischen* Reponiertsein, nicht mehr verlohnen würde. Was hat die Welt davon, die Fassade der Fürstin von Hanau, will sagen ihres Palastes, noch fernerhin beschrieben zu sehn?

Habeat sibi!

Aber in eines dieser Schlösser, unten im Au-Park, in ein halb verschossenes, überall angebröckeltes Rokoko-Pavillon-Schloss, in dieses führ' ich die Leser dennoch, unbekümmert darum, ob sie es kennen oder nicht, in das vielberühmte Marmorbad, jene glänzende Schöpfung Peter Monnots (geb. 1658 zu Besançon, gest. 1733 zu Rom), die architektonisch eine Null ist, aber ihrem Skulptureninhalt nach zu dem Entzückendsten zählt, das man sehen kann. Von allem, dem ich in Nordeuropa begegnet bin, geht nur das Kopenhagener »Thorwaldsen-Museum« durch Fülle, Adel und Reinheit der Erscheinung darüber hinaus. An Grazie, Heiterkeit und technischer Vollendung muss es sich damit begnügen, diesem Marmorbade ebenbürtig zu sein. Je mehr ich davon ausgehen darf, dass ich über allgemein Bekanntes spreche, dass Bacchus und Bacchantin, Apoll und Minerva – der großen Reliefs zu geschweigen, die ganz nach Art historischer Bilder wirken – längst zu den Sinnen der Mehrzahl meiner Leser gesprochen haben, desto mehr kann ich mich darauf beschränken, hier ein Urteil, oder, wenn dies zu viel gesagt ist, ein Sentiment abzugeben.

Diese Dinge sind und bleiben allerersten Ranges. Es hilft nichts, von philiströs vorgefassten Standpunkten, will sagen von der eitlen Annahme aus, dass der jeweilig herrschende Geschmack der einzig richtige, der aufgeklärte, der keusche, der geläuterte sei, ich sage, es hilft nichts, von solchen vorgefassten Standpunkten aus diese Dinge bloß bedingungsweis, bloß mit Reservationen oder wohl gar mit einem herablassenden »i, nun ja« anerkennen zu wollen. Sie sind, wie sie da sind, entzückend, und keine Cliquerei und Schulfuchserei wird sie um ihren vollen und ganzen Ruhm bringen können. Die Welt hat auch nach dieser Seite hin die Phrasen satt und lässt sich mit »Reinheit des Stils«, worunter zuletzt der eine dies, der andere das versteht, nicht länger gängeln. Je selbständiger das künstlerische Empfinden wird, je mehr der Einzelne den Mut ausbildet, *individuelle* Ansprüche zu erheben und unbekümmert um das Fühlen eines Zweiten oder Dritten *sein* Fühlen, *seine* Hinneigungen, ja selbst seine Launen (denn auch die wurzeln in seinem Innersten) zu befragen, je mehr wir die infallible Dogmenwirtschaft auch in der Kunst loswerden, desto höher werden diese Monnot'schen Arbeiten wieder steigen, denn es gibt berechtigte Tausende, die gerade *dies* sehen wollen und denen man seither mit der ehrpusslichen Versicherung, »es sei nicht keusch genug« oder »es widerspreche dem Marmor«, bloß einen Teil ihrer Freude verdorben hat.

Genug. – Aus dem Marmorbade stieg ich die Terrasse wieder hinauf, um mich auf dem »Friedrichsplatze«, von

dem Besten, was er hat, von der Statue des Landgrafen Friedrich II., zu verabschieden. Es ist eine vortreffliche, überlebensgroße Arbeit des Bildhauers Nahl. Das Standbild selbst – mit Rücksicht darauf, dass es in der Jerome-Zeit entfernt und erst nach der Rückkehr des damaligen Kurfürsten Wilhelm I. wieder aufgerichtet wurde – trägt eine Doppelinschrift. In Front: »Friderico II. Patria, 1783« – auf der Rückseite: »Guilelmus I. Elector statuam patris e sua sede ab hostibus avulsam reponi fecit 1818.« Am bemerkenswertesten ist vielleicht das, dass die Statue bei ihrer Entfernung, bequemeren Transportes halber, mitten durchgeschnitten wurde, gerade da, wo die alten Kurfürsten immer sterblich waren. Die Säge kannte kein Erbarmen. Jetzt steht er wieder da, scheinbar als ob nichts vorgefallen sei. Aber wenn man scharf zusieht, so sieht man, wie bei Enthaupteten, die Linie, wo der trennende Schnitt ging.
Hier war es die *untere* Hälfte, die fiel.

Wanderungen durch die Mark Brandenburg

Das Belvedère im Schlossgarten zu Charlottenburg

Es regnet. Auf den Plüschbänken des Charlottenburger Omnibus sitzt ein halbes Dutzend fröstelnde Gestalten, gleichgültig oder verstimmt, jeder einen abtröpfelnden Alpaka in Händen. Keiner spricht. Ein Dunst, wie wenn Wäsche trocknet, nebelt um uns her, und ein Kautschukmantel neben mir ist nicht angetan, die klimatischen Verhältnisse zu bessern.

Es regnet, und am Ende mit Recht. Schreiben wir doch den 19. November! Wer mag da Sonnenschein fordern, wenn es ihn lüstet, den Charlottenburger Schlossgarten zu besuchen. Was von den Menschen gilt, gilt auch von den Tagen; man muss sie nehmen, wie sie sind.

Da ist das »Knie«. Seine Rundung ist heute völlig reizlos. Das »Türkische Zelt« sieht noch untürkischer aus als gewöhnlich, und bei Morellis hocken drei Sperlinge auf dem schräg gestellten Gartentisch, ziehen die Köpfe ein und schütteln die Federn. Nur die grüne Kuppel des Schlosses hat gewonnen; sie sieht blau aus, frischer als sonst.

An den leeren Gewehrpfosten vorüber, tret ich an das halboffene Parkgitter; der Türhüter schüttelt den Kopf. An *solchem* Tage Besuch! Er scheint die Frage ergründen zu wollen, ob ich Untat gegen mich oder gegen andere sinne. Ein Unglücklicher oder …

»Ich möchte nach dem Belvedère. Erst durch die Orangerie, dann gradaus; nicht wahr?« So Lokalkenntnis und Unbefangenheit heuchelnd, schreit ich an dem Bediensteten vorüber, der sich schließlich, seinem Mienenspiele nach, damit beruhigt: Freitag ist Besuchstag.

Asternbeete, Balsaminen; dann vorüber an den Kübeln des Gewächshauses; noch ein Fliesengang, und die Breite des eigentlichen Parkes liegt vor mir. An der Rückseite des einen Schlossflügels hin stehen die Büsten römischer Kaiser, Nero, Titus, Trajan; mir zunächst Tiberius. An seiner Nase hängt ein Regentropfen, fällt ab und erneut sich wieder. Es sieht so gemütlich, so einfachmenschlich aus, dass man glauben könnte, seine »Wiederhersteller« hätten recht.

Weithin sichtbar laufen die Gänge des Schlossgartens bis zum Flusse nieder, parallel mit ihnen ein Wasserbecken, halb Graben, halb Teich. Die Alleen sind kahl. Nur einzelne Bäume, die windgeschützter standen, halten noch das je nach der Art in allen Herbstesfarben spielende Laub fest: die Eiche goldbraun, die Birke orangefarben, der Ahorn gelb; aber die meisten Blätter fielen ab und liegen an tieferen Stellen zusammengeweht oder schwimmen auf dem Wasser, das uns bis in die Mitte des Parks begleitet.

Hier biegt das Wasser (der Teichgraben) plötzlich rechtwinklig ab und durchschneidet den Weg. Eine Brücke führt darüberhin und unterhält den Verkehr zwischen den beiden Ufern. Diesseits stand ein Alter und harkte das Laub zusammen.

»Ist dies die Brücke mit der Klingel?«

»Ja. Aber es kommt keiner mehr.«

»Ich weiß, Papa. Die alten Mooskröpfe sind tot.«

Er nickte und harkte weiter.
In der Tat befand ich mich an der vielgenannten »Klingelbrücke«, einer ehemaligen Besuchsstation des Gartens, die viele Jahre hindurch neben dem Mausoleum ihren Platz behauptet hatte. Der ernsten Erhebung gab man hier ein heitres Nachspiel. Alles drängte herzu; wurde dann die Klingel gezogen, so erschienen langsam und gravitätisch, aber immer hungrig, die berühmten *Mooskarpfen* des Charlottenburger Parkes an der Oberfläche. Uralte Bursche, wenn ich nicht irre, durch König Friedrich Wilhelm I. eigenhändig an dieser Stelle eingesetzt. Ein eigentümlicher Sport, der darauf hinauslief, Hellinge, Milchbrote, Kringel in die immer geöffneten Karpfenmäuler zu werfen, nahm dann seinen Anfang. Er erinnerte an Ähnliches im Zoologischen Garten, und man darf sagen: wie sich die Schrippe zum Elefanten verhält, so verhielt sich die Semmel zum Karpfen. Alte Frauen, nicht viel jünger wie die krokodilartigen Ungeheuer der Tiefe, saßen hier sommerlang mit ihrem Backwerk und sahen aus, als gehörten sie mit dazu. Es hatte etwas Spukhaftes, diese Altersanhäufung und die Kinderwelt dazwischen.
Dieser Sport indessen sollte plötzlich ein Ende haben. Der Winter 64 kam, das Wasser fror bis auf den Boden, die Karpfen suchten zu retirieren, immer tiefer, aber das Eis kam ihnen nach, und eingemauert in ihrem Moorgrund, wasser- und luftlos, mussten sie ersticken. Als im April das Eis aufging, stiegen sie wieder an die Oberfläche, aber tot. Noch am selben Tage wurden sie am Ufer begraben. Es waren sechsunddreißig Stück, keiner unter 150 Jahre, keiner unter vier Fuß; alle trugen sie die Karp-

fenkrone. »Wir haben nun neue eingesetzt«, brummelte der Alte, »aber was will das sagen; sie sind wie Steckerlinge.«

Dieser wohlgemeinte Satz hatte mir Mut gegeben. »Ich will nach dem Belvedère, Papa.«

»Nach 's Belfedehr. Ja, ja, da müssen Sie bis auf die Insel. Immer gradaus. Die Fähre geht nicht mehr. Aber rechts weg, wo der rote Werft steht, da is 'n Steg. Nehmen S' sich in acht; is alles frisch gestrichen mit Teer. Da drüberweg.«

»Dank schön, Papa.« Damit stapfte ich weiter, durch Laub und aufgeweichte Gänge hin, dem Rande des Parkes zu, voll wachsenden Dankes gegen den Erfinder der Gummischuhe. Endlich stand ich an einem schmalen, von der Spree her abgezweigten Wassergraben; zwei Pfosten hüben und drüben und ein Tau dazwischen zeigten mir, dass dies die Fährstelle sei. Nach rechts hin also musste die Brücke sein. Richtig. Der frische Teergeruch ließ keinen Zweifel. Ich schritt über die schmale Bohlenlage hin.

Der Regen ließ einen Augenblick nach und gestattete einen Umblick. Ich stand ersichtlich auf einer Insel, der magre Boden mit dünnem Gras überzogen, die Ufer von blutrotem Werft eingefasst. Nach Westen hin Wiesenland, von Spreearmen und Eisenbahnbrücken durchzogen; am Horizonte grau in grau der Spandauer Turm; unmittelbar vor mir aber ein seltsamer, jalousienreicher Bau, rund, mit vier angeklebten flachen Balkonhäusern und einem kupfernen Dachhelm, auf dessen Spitze drei Genien mit Genhimmelhaltung eines goldenen Fruchtkorbes beschäftigt waren. Rokoko durch und durch. Im

Grundriss ein kurzes Kreuz, mit rundem Mittelstück. Dies war das *Belvedère*. Die drei Genien mit dem Blumenkorb unverkennbar an das Marmorpalais erinnernd. Die Tage der Lichtenau standen wie auf einen Schlag vor mir: Sentimentalität und Sinnlichkeit, Schäferspiele und kurze Röckchen, Antonius und Kleopatra. Nur alles trivialisiert. Statt des Pharaonenkindes eine Stabstrompetertochter.

Ein Gartenarbeiter, wie ich bald wahrnahm, hatte in einem der angeklebten Häuschen ein Unterkommen gefunden; es fand sich ein Schlüssel, der eine der Haupttüren öffnete. Das Erdgeschoss, einst als Küchen- und Wirtschaftsraum benutzt, war interesselos; eine schlank gewundene, von einem sauberen Eisengitter eingefasste Treppe führte in den ersten und zweiten Stock. Wir stiegen hinauf. Ich hatte dieselbe Empfindung, als ging es hinunter in eine Gruft. Abgestorbenes ringsum. Nur mumienhaft erhalten.

Die Einrichtung beider Stockwerke ist dieselbe: ein einziges saalartiges Rundzimmer.

Der Saal des ersten Stockwerkes ist der reichere; der Fußboden parkettiert, die Wände rhombisch getäfelt mit rotbraunem Pflaumbaumholz. An der weißen Decke kristallne Leuchter. Reliefdarstellungen aus dem Apollo-und-Diana-Mythus umziehen, halb fries-, halb supraportenartig, die obere Rundung, während Ottomanen und Polsterstühle, in ihren Lehnen selbst wieder geschweift, dem Rund der unteren Boisierung folgen. Zahlreiche Bilder, meist englische Stiche nach den Dramen Shakespeares, stehen gruppenweis, die Rückseite nach vorn, an den Wänden umher. Die dunkle Täflung, dazu der blaue Moiréstoff, der alle Polster überzieht, geben dem Zimmer einen festlichen, beinah ernsten Charakter.

Anders der Rundsaal des zweiten Stockes. Hier ist dieselbe Art der Ausschmückung, aber ins Heitere übertragen. Wie dort Braun und ein tieferes Blau den Ton angeben, so lacht hier alles in Weiß und Rot und Gold. Konsolen, mit Tongefäßen in gefälliger Form, laufen girlandenartig um die Rundung her, und die scharlachnen Seidenüberzüge, als sei es an ihrer leuchtenden Pracht nicht genug, haben ihr Rot noch mit bunten Malereien, mit Blumen und Bouquets geschmückt. Wie im Zimmer des ersten Stocks, so lehnen sich auch hier zwei Balkons und ein Kabinett an den Rundbau an; das Kabinett marmoriert und mit Wandleuchtern von Goldbronze reich verziert.

In diesem Kabinette nun, nur durch zwei halb zurückgeschlagene Gardinen von dem Rundsaal getrennt, saß König Friedrich Wilhelm II. Es war in den ersten Jahren seiner Regierung. Eine Aufführung schien sich, mit einer Art von Feierlichkeit, vorzubereiten. Und so war es. In den goldbronzenen Wandleuchtern brannten ein paar Kerzen, aber ihr Licht, durch die schweren Gardinen zurückgehalten, fiel nur in einzelnen Streifen nach vorn hin in den Saal.

In diesem herrschte Dämmer. Der König hatte den Wunsch ausgesprochen, die Geister Marc Aurels, des Großen Kurfürsten und des Philosophen Leibniz erscheinen zu sehen. Und sie erschienen. Wie man dabei verfuhr, darüber bericht ich an anderer Stelle. Nur dies noch. Dem Könige war gestattet worden, Fragen an die Abgeschiedenen zu richten; er machte den Versuch, aber umsonst. Es gelang ihm nicht, auch nur einen Laut über die bebenden Lippen zu bringen. Dagegen vernahm er nun seinerseits von den heraufbeschworenen Geistern strenge Worte, drohende Strafreden und die Ermahnung, auf den Pfad der Tugend zurückzukehren. Er rief mit banger Stimme nach seinen Freunden; er bat inständig, den Zauber zu lösen und ihn von seiner Todesangst zu befreien. Nach einigem Zögern trat Bischofswerder in das Kabinett und führte den zum Tod Erschöpften nach seinem Wagen. Er verlangte, zur Lichtenau zurückgebracht zu werden, ein Wunsch, dem nicht nachgegeben wurde. So kehrte er noch während derselben Nacht nach Potsdam zurück.

Das war, wie schon angedeutet, mutmaßlich Anfang der neunziger Jahre. Bestimmte Zeitangaben fehlen.

Von jenem Abend an stand das *Belvedère* fünfzig Jahre lang leer. Es war, als wär es an dieser Stelle nur aus der Erde gewachsen, um als Rokokoschaubühne für eine Geisterkomödie, hinterher aber, um als Wahrzeichen *dafür* zu dienen, dass das alles einmal wirklich war.

Durch ein halbes Jahrhundert hin waren diese Plätze wie verfemt. Marmorpalais, Belvedère, Marquardt, das Eckardtsteinsche Haus, auch andre noch; man mied sie, man nannte sie kaum. Erst Friedrich Wilhelm IV., innerlich freier, machte einen Versuch, den Bann der neunziger Jahre zu durchbrechen. Das *Marmorpalais* sah wieder Gondeln an seiner Treppe; die Miniaturbüste der Lichtenau, ein chef-d'œuvre, wurde an altem Platze aufgestellt; was einst Abneigung erweckt hatte, weckte wieder Interesse. Auch das *Belvedère* schien wieder zu Ehren kommen zu sollen. Von seinem Balkone aus sah der heitere

König, dessen eigene sittliche Integrität ihm die Milde, auch nach *dieser* Seite hin, zum Bedürfnis machte, in Dämmerstunden, beim Teegeplauder, das Spreetal hinunter, freute sich der Segelkähne, die kamen und gingen, der langen Züge, die rasselnd, dampfend vorübersausten, der dunklen Flächen des Grunewaldes hier, der Jungfernheide dort, endlich des roten Spandauer Turms, der die Zickzack-Festungswerke drüben am westlichen Horizont hoch überragte.
Das waren die Wiederbelebungsversuche für das Charlottenburger Belvedère. Aber sie kamen und gingen wie bloße Träume. Bald schlief der Bau mit seinen drei Rokokogenien weiter. Er schläft noch.
Etwas Unheimliches ist drumher, das nicht abzutun ist. Was ist es? Ist es, weil es ein Spukhaus war, weil Gespenster hier umgingen?
Nein, denn man *spielte* hier nur Gespenst.
Aber fast scheint es, als ob ein doppeltes Grauen eben daraus erwuchs, dass die Geister, die hier auftraten, nur ein Schein, eine Lüge waren.

Modernes Reisen.
Eine Plauderei

Zu den Eigentümlichkeiten unserer Zeit gehört das Massenreisen. Sonst reisten bevorzugte Individuen, jetzt reist jeder und jede. Kanzlistenfrauen besuchen einen klimatischen Kurort am Fuße des Kyffhäuser, behäbige Budiker werden in einem Lehnstuhl die Koppe hinaufgetragen, und Mitglieder einer kleinstädtischen Schützengilde lesen bewundernd im Schlosse zu Reinhardsbrunn, dass Herzog Ernst in fünfundzwanzig Jahren 50.157 Stück Wild getötet habe. Sie notieren sich die imposante Zahl ins Taschenbuch und freuen sich auf den Tag, wo sie in Muße werden ausrechnen können, wie viel Stück auf den Tag kommen.

Alle Welt reist. So gewiss in alten Tagen eine Wetterunterhaltung war, so gewiss ist jetzt eine Reiseunterhaltung. »Wo waren Sie in diesem Sommer«, heißt es von Oktober bis Weihnachten; »Wohin werden Sie sich im nächsten Sommer wenden?«, heißt es von Weihnachten bis Ostern; viele Menschen betrachten elf Monate des Jahres nur als eine Vorbereitung auf den zwölften, nur als die Leiter, die auf die Höhe des Daseins führt. *Um* dieses Zwölftels willen wird gelebt, *für* dieses Zwölftel wird gedacht und gedarbt; die Wohnung wird immer enger und die Herrschaft des Schlafsofas immer souveräner, aber »der Juli bringt es wieder ein«. Ein staubgrauer Reiseanzug schwebt vor der angenehm erregten Phantasie der Tochter, während die Mutter dem verlegenen Oberhaupt der Familie zuflüstert: »Vergiss nicht, dass du mir immer noch die Hochzeitsreise schuldest.« So hofft es und heißt es in vielen tausend Familien. Wie sich die Kinder auf den Christbaum freuen, so freuen sich die Erwachsenen auf Mittsommerzeit; die Anzeigen der Saisonbilletts werden begieriger gesucht als die Weihnachtsannoncen; elf Monate *muss* man leben, den zwölften *will* man leben. Jede Prosaexistenz sehnt sich danach, alljährlich einmal in poetischer Blüte zu stehen.

Die Mode und die Eitelkeit haben ihren starken Anteil an dieser Erscheinung, aber in den weitaus meisten Fällen liegt ein *Bedürfnis* vor. Was der Schlaf im engen Kreise der vierundzwanzig Stunden ist, das ist das Reisen in dem weiten Kreise der 365 Tage. Der moderne Mensch, angestrengter, wie er wird, bedarf auch größerer Erholung. *Findet er sie?* Findet er das erhoffte Glück?

Ja und nein, je nachdem wir das eine oder andere unter reisen verstehen. Heißt reisen »einen Sommer*aufenthalt* nehmen«, so ist das Glück nicht nur möglich, sondern bei leidlich normaler Charakterbeschaffenheit sogar wahrscheinlich; heißt reisen aber »dauernde Fortbewegung«, will sagen beständiger Wechsel von Eisenbahnen und Hotels, woran sich Bergerkletterungen und ähnliches bloß anschließen, so muss man es gut treffen oder sehr bescheiden und sehr geduldig sein, um von seiner Reise das zu haben, was man wünscht: Freude, Glück.

In der Tat, es dreht sich alles um den Gegensatz von Sommer*frischler* und Sommer*reisenden*.

Betrachten wir zunächst den Sommerfrischler, den Repräsentanten der guten Reiseseite.

Der kleine Beamte, der Oberlehrer, der Stadtrichter, der

Archidiakonus, die sich in ein eben entdecktes Dünendorf begeben, wo ihnen gelegentlich die Aufgabe zufällt, den allerursprünglichsten Strandhafer abzuwohnen, diese alle können, wenn sie mit Sack und Pack und ausgerüstet wie eine Auswandererfamilie in ihrer Fischerhütte einziehn, unter Segeltuch und ausgespannten Netzen ein höchst glückliches Dasein führen. Sie werden, eh die Biederherzigkeit der alten Teerjacke, die erfahrungsmäßig höchstens drei Sommer aushält, in Gewinnsucht untergeht, für ein Billiges leben und die unvermeidlichen Ausgaben der eigentlichen Reise, der Lokomotion als solcher, durch andauernden Blaubeeren- und Flundergenuss wieder balancieren können; die Kinder werden primitive Hafenanlagen im Sande machen und die erwachsenen Töchter Muscheln und Bernstein suchen; unsagbar alte Garderobenstücke werden aufgetragen, Reminiszenzen an Cooper und Marryat neu belebt, vor allem auch Abmachungen auf Lieferung von Spickaal und Sprotten getroffen werden. Im Ganzen wird man dankbar und wohlbefriedigt in die Heimat zurückkehren, gefestigt in allem Guten und gewachsen in der Kraft, die uns jede intimere Berührung mit der Natur zu geben pflegt. Nur vereinzelt unangenehme Eindrücke und Erfahrungen werden den Frieden einer solchen Sommerfrische gestört haben, und der endliche Reiseüberschlag wird ergeben, dass man sich diese Erholung ohne nachträgliche Gewissensbisse wohl gönnen durfte. »Die Extrafahrt nach Putbus war zwar teuer, aber bedenken wir auch, es ist eine Erinnerung fürs Leben.«

So oder ähnlich wird es vielerorten heißen, und wenn ich Umschau halte, will es mir erscheinen, dass sich solche, in der Bescheidenheit ihrer Ansprüche Befriedigten immer noch zu Tausenden finden müssen, nicht bloß an der Ostseeküste hin, auch in Schlesien, am Oberharz und in den Tälern und Bergkesseln des Thüringer Waldes. Aber *alle* freilich, wie ich wiederholen muss, werden dieses ungetrübten Glückes nur teilhaftig geworden sein, wenn sie während ihrer Reisezeit sich damit begnügten, in gewissem Sinne zu den *Halb*nomaden zu zählen, mit anderen Worten, wenn sie vier Wochen lang auf ein und derselben Gebirgs- oder Strandoase aushielten.

Soviel über den Sommer*frischler*, einen »Glücklichen«.

Aber sehr anders, wie schon angedeutet, liegt es bei dem Sommer*reisenden*, der, wenn nicht beständig, so doch vielfach unterwegs, immer in der Gefahr schwebt, seine Lagerstätte wechseln zu müssen. Es ist nicht zu leugnen, das Glück des mehr oder weniger sesshaften »Frischlers« ist für den eigentlichen Reisenden, für den Tag um Tag seine Weideplätze wechselnden Vollnomaden nicht da. Keine wirkliche Wüstenfahrt, was sonst immer ihre Schrecken sein mögen, kann verdrießlicher und räuberumschwärmter sein. Auch in Sachen der Fata Morgana hat der eigentliche Tourist zu leiden wie nur je ein Wüstenfahrer. Immer neue Hotelschlösser tauchen verheißungsvoll am Horizonte vor ihm auf, aber der Moment der Erreichung ist auch jedes Mal ein Moment der Enttäuschung für ihn. Er findet Kühle, nicht Kühlung.

Ist das alles ein Unvermeidliches?

Nein. Nichts davon, dass man es nicht anders gewollt, dass man ja das Recht gehabt habe, ruhig zu Hause zu bleiben, und dass jeder, der sich leichtsinnig in Gefahr begäbe, nicht erstaunt sein dürfe, darin umzukommen.

Dies alles ist nicht nur falsch, es ist auch hart und grausam, denn die Reisebenötigung, die bestritten werden soll, ist wirklich da. So gewiss für den Durstverschmachteten ein Zwang da ist zu trinken, so gewiss ist auch für den staub- und arbeitsvertrockneten Residenzler ein Zwang da nach einem Trunke frischer Luft, und wer ihm diesen Trunk verbittert und verteuert, der tut viel Schlimmeres als die Brauwirte, die dem Volke das Bier verteuern. Und doch geschieht es. Ja, die traurige Erscheinung tritt ein, dass mit dem Wachsen des Bedürfnisses auch die Unmöglichkeit wächst, dieses Bedürfnis zu befriedigen. Der vorhandene Notstand, statt die Frage anzuregen: Wie heben wir ihn?, regt nur die Frage an: *Wie beuten wir ihn aus?* Der Reisedrang, je allgemeiner er geworden ist, hat nicht Willfährigkeit und Entgegenkommen, sondern das Gegenteil davon erzeugt. Vielfach reine Wegelagerei. *Wirte*, *Mietskutscher* und *Führer* überbieten sich in Gewinnsucht und Rücksichtslosigkeit, und wer – im Gegensatz zu den vorgeschilderten, relativ sesshaften Reisenden – sein Reiseglück auf diese drei Karten gestellt hat, der wird freilich wohltun, mit niedrigsten Erwartungen in die Situation einzutreten.
War es immer so? Mitnichten. Wie ganz anders erwiesen sich die Wirte vergangener Tage! Nur noch Einzelexemplare kommen vor, an denen sich die Tugenden eines ausgestorbenen Geschlechts studieren lassen. Wer sie voll erkennen will, der lese die englischen Romane des vorigen Jahrhunderts. Auch noch in Walter Scott finden sich solche Gestalten. Es gab nichts Liebenswürdigeres als solchen englischen Landlord, der in heiterer Würde seine Gäste auf dem Vorflur begrüßte und mit der Miene eines

fürstlichen Menschenfreundes seine Weisungen gab. Er vertrat jeden Augenblick die Ehre seines Standes. Er war nicht dazu da, um in den drei Reisemonaten reich zu werden; still und allmählich sah er sein Vermögen wachsen und gab dem Sohne ein Eigentum, das er selbst einst vom Vater empfangen hatte. Er waltete seines Amts aus gutem Herzen und guter Gewohnheit. Er war wie ein Patriarch; sein Gasthaus eine Zufluchtsstätte, ein Hospiz.

Auch in Deutschland gab es solche Gestalten, wenn auch vereinzelter, und ich entsinne mich selbst noch, wenn ich Ende der zwanziger Jahre die damals viertägige Reise von der pommerschen Küste bis in meine Ruppin'sche Heimat machte, an solchen Wirtstafeln, namentlich in den mecklenburgischen Städten, gesessen zu haben. Eine geräuschlose Feierlichkeit herrschte vor, der Wirt gab nur den Anstoß zur Unterhaltung, dann schwieg er und belauschte klugen Auges die Wünsche des Einzelnen. Kam dann die Abreise, so mussten seine verbindlichen Formen den Glauben erwecken, man habe seinem Hause eine besondere Ehre erwiesen. Damals war jede Mittagsrast ein Vergnügen, jedes Nachtlager ein wohltuendes, von einer gewissen Poesie getragenes Ereignis. Ich denke noch mit Freuden an diese Ideal- und Idyllzeit des Reisens zurück.

Wie sind jetzt die Hotelerlebnisse des kleinen Reisenden! Ich antworte mit einer Schilderung, bei der ich (vielleicht leider) Persönliches in den Vordergrund treten lasse. Persönliches und mit ihm das bis hierher nach Möglichkeit zurückgehaltene Ich.

Der Zug hält. Es ist 7 Uhr abends. Jenseits des Schienenstranges steht die übliche Wagenburg von Omnibussen,

Kremsern und Fiakern; Hotelkommissionäre, Fremdenführer, Kutscher machen die bekannte Sturmattacke, allen vorauf ein zehnjähriger Junge, der sich mit unheimlicher Geschicklichkeit der kleinen Reisetasche zu bemächtigen trachtet. Alles wird siegreich von mir abgeschlagen, aber nicht zu meinem Heil. Es empfiehlt sich nicht, zu Fuß zu kommen und die bekannten Fragen zu stellen. Ein mitteleleganter Oberkellner ritt, als ich in das Hotel eintrat, bereits auf seinem Drehschemel. »Kann ich ein Zimmer haben?« »Ich werde fragen.« Er frug aber nicht, schritt vielmehr gleich danach mit dem bekannten Silberblechleuchter die Treppe hinauf, mich der Mitteilung würdigend, »dass Nr. 7 soeben frei geworden sei«. Diese Mitteilung schien sich bestätigen zu sollen, denn beim Eintritt in die besagte Nummer fanden wir eine Magd bei dem herkömmlichen, in drei Akten: Ausgießen, Eingießen und Überziehen, sich vollziehenden Zimmerreinigungsprozess vor. Ich war nicht begierig, Zeuge dieser Einzelheiten zu sein, und zog mich deshalb lieber in den parterre gelegenen Speisesaal zurück, um hier bei Beefsteak, Kulmbacher und den »Fliegenden Blättern« nicht gerade Mitternacht, aber doch die zehnte Stunde heranzuwachen. Endlich war sie da; noch ein Sodawasser mit Kognak, und ich stieg wieder in meine nach dem Hof zu gelegene Stube hinauf, an deren niedriger Decke sich ein überklebter Balken hinzog. Oben angekommen, war mein erstes, eins der beiden Fenster zu öffnen, da mich die eigentümliche Stubenatmosphäre mehr und mehr zu bedrücken begann. Es schien auch zu helfen. Und nun schob ich mich, müde wie ich war, unter das Betttuch.

Ich mochte eine Viertelstunde geschlafen haben, als das Hinausfliegen mehrerer Stiefelpaare auf den Korridor und das Angespanntwerden eines Hotelomnibus (gleich nach 1 Uhr kam ein neuer Zug) mich aus tiefem Schlafe weckte. Zugleich empfand ich einen dumpfen Kopfschmerz, über dessen Ursache ich nicht lange in Zweifel bleiben sollte. Die »frische Nachtluft«, die ich, um der stickigen Stubenatmosphäre willen, einzulassen bemüht gewesen war, stieg leider nicht aus Himmelshöhen zu mir nieder, sondern aus Hofestiefen zu mir herauf und war ein Brodem, wie ihn jeder aus Erfahrung kennt, der, um etliche Jahrzehnte zurück, noch im *alten* Münchener Hofbräu seinen Krug getrunken hat. Nur hatt' ich hier die höhere Potenz.
Und an dieser Stelle mag ein kleiner Exkurs gestattet sein! Daheim an den Ufern unserer guten Spree gehört es zum guten Ton, über unsere Berliner Luft zu skandalisieren, und es soll unbestritten bleiben, sie könnte besser sein. Aber was will die durchschnittliche Berliner Hausatmosphäre im Vergleich zu dem Dunstkreise sagen, der in den meisten Hotels und Nichthotels Sachsen-Thüringens heimisch ist. Die Berliner Luft, auch wo sie am schlimmsten auftritt, ist ein Parvenu wie die Stadt selbst, jung, ohne Geschichte, ohne infernale Vertiefung. So schlecht sie sein mag, sie ist einfach, unkompliziert, sozusagen frisch von der Quelle weg. Wie anders dagegen die Hausatmosphäre in den Frühkulturgegenden Mitteldeutschlands! Altehrwürdig tritt sie auf, und man kann ohne Übertreibung sagen: die Jahrhunderte haben an ihr gebraut. Sie ist *geworden*, vor allem sie ist undefinierbar, und wie man vom Kölnischen Wasser gesagt hat, das Ge-

heimnis seiner Schöne läge in der *Lagerung*, sodass schließlich die Mannigfaltigkeit in einer höheren Einheit unterginge, so auch *hier*. Nur haben wir hier den Revers der Medaille.

Was aus Hofestiefen in mein Zimmer einströmte, gewann mehr und mehr an Gehalt, sodass ich als nächstes Rettungsmittel das Fenster schloss. Aber die Geister, die ich gerufen hatte, waren so schnell nicht wieder zu bannen. Sie waren *mit* mir, *um* mich und schienen wenig geneigt, sich so ohne weiteres austilgen zu lassen. Alle kleineren Mittel scheiterten; da kam mir der Gedanke, den Teufel durch Beelzebub auszutreiben. Ich steckte die »Bougies« an, ließ diese brennen, bis sich eine Schnuppe gebildet hatte, und blies sie dann aus. Nachdem ich dies Verfahren dreimal wiederholt hatte, hatte ich eine Art grönländische Hüttenatmosphäre hergestellt, in deren Rauch und Qualm die »Frische der Nachtluft« endlich glücklich unterging.

Der nächste Morgen sah mich ziemlich spät an der Frühstückstafel. Der Wirt stand abwechselnd hinter und neben meinem Stuhl, was ich anfänglich geneigt war, als eine Auszeichnung anzusehen, bis ich gewahr wurde, dass die wirklichen Gegenstände seiner Aufmerksamkeit mir gegenüber saßen: eine kinder- und kofferreiche Familie, die den Abend vorher und beinah gleichzeitig mit mir eingetroffen war. Der Koffer, zumal der im Plural auftretende, gibt den Ausschlag, und der mitteldeutsche mittlere Hotelwirt (in den besseren Häusern ist es besser) bemisst nach ihm das Maß seiner Gnaden, ohne sich auf irgendein anderes Kriterium einzulassen. Und wie der Herr, so die Diener. Nur im Moment der Zahlung rücken die Kleinen sofort in die Rechte der Großen ein, und während bis dahin alles, was ihnen geleistet wurde, auf der Höhe eines Maulwurfshügels stand, tritt jetzt die Rechnungsforderung wie ein Finsteraarhorn an sie heran. Und in diesem Vergleich ist der ganze, auf die Dauer unertragbare Zustand gekennzeichnet! Was in allem waltet, ist ein kolossales *Missverhältnis*; weder der Ton, der herrscht, noch der Wert dessen, was geboten wird, entspricht dem Preise, der gezahlt werden soll. Über den einzelnen Fall wär' es unschwer hinwegzukommen, aber die Fülle der Einzelfälle erzeugt schließlich einen Groll, der fast mehr noch in der Unbill, der man sich ausgesetzt fühlt, als in den direkten Einbußen seine Wurzel hat. Ein Gefühl von Ungehörigkeit, und zwar nicht bloß in Geldsachen, begleitet den Reisenden von Stunde zu Stunde und bringt ihn recht eigentlich um den Zweck seiner und jeder Reise, um die Glättung und Ruhigmachung seines Gemüts. Er will den Vibrierungen entfliehen und zittert häufiger als daheim. Ärger hängt sich an Ärger, und der nach nervenstillendem Ozon verlangende Körper findet jene vorbeschriebene »frische Nachtluft«, die ihn bis an den Rand des Typhus bringt. Die Prätensionen und die Preise richten sich womöglich nach dem Clarendon-Hotel in London, während doch der alte Herbergscharakter immer noch umgeht und sich wie Banquo, die Gäste schreckend, mit zu Tische setzt.

Auf die eine oder andere Weise muss hier Wandel geschafft, müssen die *Leistungen höher* oder die *Preise niedriger* werden. Das Letztere wäre das Bessere und ein wahrer Segen. Weg mit dem abgetretenen, lächerlichen

Teppichfetzen, weg mit der tabaksverqualmten Goldtapete, weg mit dem schäbigen Plüschsofa und der türkisch geblümten Steppdecke, deren bunte Dunkelfarbe jede Möglichkeit zulässt, vor allem weg mit dem großen Reisetyrannen, dem *Table d'hôte's-Unsinn*, weg mit den sieben Gängen, die bis zum letzten Bissen nichts repräsentieren als einen Wettlauf zwischen Hungrigbleiben und Langerweile. Denn wer wäre je an Leib gesättigt und an Seele erfrischt von diesem Zweistundenmartyrium aufgestanden! Statt dieses elenden Plunders eine gut ventilierte Stube, ein Stuhl und ein Tisch, eine Matratze und eine wollene Zudecke; vor allem die Freiheit, essen zu können *was* man will und *wann* man will. Die Herren Wirte sind des Publikums willen da, nicht das Publikum der Wirte willen. Aber überall verkehrt sich der natürliche Lauf der Dinge, und gegen die Verkehrtheit ankämpfende Gemeinplätze werden wieder zu Weisheitsregeln.

Theodor an Emilie Fontane

Basel d. 5. August 75
Im »Storch«, No. 29

Liebe Frau.

Gestern Abend auf der Fahrt von Freiburg hierher wurde mir durch einen Mitreisenden der »Storch« empfohlen. Der Name hat in Jahren, wo man nichts mehr von ihm zu befürchten hat, etwas Anheimelndes; so wählte ich mir denn in der Omnibusreihe, die 15 Mann hoch auf 3 Ankommende wartete, den »Cigogne«. Sehr bald beschlichen bange Ahnungen mein Herz. Der Hotel-Omnibus nämlich, um den Storch zu charakterisieren, führte – etwa nach Analogie der roten Türen an der roten Apotheke – zwei Laternen am Backbord, die in einem zinnoberroten Holzgehäuse standen. Der Einfluss zweier Qualmlichter auf die frische Zinnober-Ölfarbe war nun geradezu furchtbar und stellte alles in den Schatten, was von ausgehenden Berliner Droschken-Lampen je geleistet worden ist. Solche Droschken-Lampe hat etwas so unendlich Kümmerliches, dass man mitten in der Wut sich eines gewissen Mitleids nicht erwehren kann; diese beiden Storch-Lichter hatten aber etwas Unverschämtes. Nach einer Viertelstunde hielten wir. Alles entsprach den roten Laternen; die ehrwürdige Atmosphäre eines 300 Jahr alten Hotels umfächelte mich und es waren saure Fetttöne in der Luft, die recht gut von einem Braten herrühren konnten, den Ulrich von Hutten hier gegessen hat. So alles. Der Tee in solchen uralten Hotels schmeckt nicht mehr nach Tee, sondern nur noch nach der Teekannen-Patina, die braun, wie alter Pfannenstein, das Gefäß inkrustiert. Im Übrigen hab' ich gut geschlafen und fühle mich leidlich wohl; das Fieber ist fort. Sonst freilich ist alles beim Alten und alle Mittel versagen den Dienst. Selbst eine Hungerkur hat nichts geholfen; in 27 Stunden nichts gegessen und nichts getrunken, aber es bleibt wie es ist. Die Medizin ist doch eine erbärmliche Quacksalberei. Zu dem allen nun das Wetter! Seit gestern Vormittag regnet es ununterbrochen; ich würde über all dies sehr verstimmt sein, wenn ich nicht das bestimmte Gefühl hatte, dass es in der Berliner Kanal-Luft erst recht nichts mit mir geworden wäre.

Nach dieser Einleitung steig ich nun historisch in die Vergangenheit dieser zwei Tage zurück. Meine Reisegesellschaft, die mir anfänglich ein gelindes Grauen einflößte, war schließlich nicht so übel. Das Ehepaar nebst Tochter führte den Namen Krüger; Krüger selbst entpuppte sich als ein Schwager von Prediger Roland, woraus ich fast schließen möchte, dass die Frau eine geborene Nobiling (wie auch die Gilli) war. Nur wäre sie dann freilich unter dem Niveau der beiden andern Schwestern. Das Ganze echtestes Bourgeoistum: sicher, bequem, trivial, ungebildet, in vorliegendem Falle nur durch Gutmütigkeit genießbar. Der Gichtikus, der mit zwei Stöcken mühsam ins Coupé hineinkletterte, war ein reicher »Proprietaire« aus Lichterfelde, der das Leben und die Liebe stark befahren zu haben schien. Er kannte Spanien und hatte drei Trauringe am Finger. Der furchtbar dicke Junge, der an den Eisenpfeiler lehnte, war das Produkt seiner Laune. Mit welchem seiner drei Trauringe er ihn gezeugt, ist mir ein

Geheimnis geblieben. Er stellte der Familie Krüger den Jungen mit folgenden Worten vor. »Was glauben Sie, wie alt er ist? Er wiegt 115 Pfund und seine *Intelligenz* (wörtlich) entspricht seiner Dicke. –« Das »Cabinet« gewährte mir weiter keinen Vorteil als den, Mutter und Tochter abwechselnd verschwinden zu sehn. Meinem bisschen Humor tut dergleichen wohl; fragt man mich aber aufs Gewissen, wie ich all das nun eigentlich finde, so ström' ich über von Indignation über diese Mischung von Mesquinerie und Rohheit, die all unsre Zustände durchdringt. Das soll nun Nachahmung »amerikanischen Comforts« sein! Lucae versichert uns immer, in 20 Jahren würde Berlin eine der schönsten Städte Europas sein. Ich glaub' es nicht, denn »es liegt nicht drin«. Mit Hilfe der Kanalisation, zu der ich nun mal schlechterdings kein Vertrauen habe, werden wir im Sterbe-Prozentsatz immer höher rücken und hier und dort wird irgendein Pringsheim eine Kakel-Architektur in die Mitte langweiliger Häuser hineinstellen. Es fehlt der Sinn und ebenso an einer mit wirklicher Autorität ausgerüsteten Leitung. Wenn Schinkel jemals fehlte, so fehlt er jetzt.
Die Fahrt von Frankfurt bis Freiburg war sehr angenehm, namentlich eh der Regen einsetzte. Die »Bergstraße«, die von Darmstadt bis Heidelberg läuft, ist schön und erinnerte mich an manchen Stellen lebhaft an unsre vorjährige Fahrt am Apennin hin. Worin Ähnlichkeit und Unterschied liegen, will ich hier nicht weiter ausführen. Die genannte Strecke machte ich in Gesellschaft des Geh. Rat Dr. Baehr, unsres alten Wichmann-Freundes, der immer die Flucht ergreift, wenn wir angemeldet werden. Ein wunderbarer Heiliger, der durch Strohhut und Nanking,

in denen er auftauchte, nicht wesentlich gewann. Er gehört zu denen, die es nicht ertragen können, dass man in Berlin, im Ganzen genommen, klüger ist als in Kassel, jedenfalls aber besser aussieht. Er saß ziemlich dicht neben mir, nur eine Person zwischen uns, und erkannte mich entweder wirklich nicht oder wollte mich nicht erkennen. Mir war es recht, umso mehr als er mit einem Frankfurter eine lebhafte Konversation führte. Mit »Augen rechts« folgte ich dem Lauf der Bergstraße und hatte mehr davon als vom Lauf der Konversation. In Heidelberg, wo uns Baehr wieder verließ, gab ich ein Telegramm an Tante Pinchen auf, worin ich meine Ankunft meldete. Unter dem Vordach des Freiburger Bahnhofs standen vierzig bis fünfzig Menschen. Das erste Wesen, auf das mein Auge fiel, war – Tante Pine. Sie sah eigentlich aus wie früher, noch ein bisschen verquienter, noch ein bisschen vermorchelter, noch ein bisschen wehmütiger, eine natürliche Folge der seit 50 Jahren in Permanenz erklärten Sentimentalität. Ich sprang aus dem Wagen und küsste den lippenlosen Mund. Mit so viel Heiterkeit, wie meine Unterleibszustände zuließen, sprang ich über die ersten peinlichen Momente weg. Röschen wirkte wie eine Bäckersfrau in Trauer, Harry wie ein gutmütiger Imbecile, Fräulein Mimi aber in der Tat wie ein sehr liebenswürdiges und anmutiges Geschöpf. Heiter, plauderhaft, natürlich. Sie ist der Sonnenschein des Hauses. In dieses gelangten wir mit Hilfe einer Droschke, die ihre Schulbildung in Berlin genossen hatte. Einrichtung des Hauses ganz nett, aber au fond langweilig. Das interessanteste Zimmer war natürlich das von »Tante Pine«. Hier befanden sich die Erinnerungsstücke, Porträtbilder in Öl des

Großpapa Fontane, Onkel Augusts und Pinchens selbst. Alle drei sehr gut aussehend. Dazu eine reizende kleine Landschaft von Boenisch und andres mehr. In diesem Zimmer nahmen wir Platz und plauderten vier Stunden von 3 bis 7. Dann kehrte ich in derselben Droschke auf den Bahnhof zurück und fuhr hierher. Wie waren nun die Eindrücke, die ich während jenes 4 stündigen Geplauders in Freiburg empfangen? Röschen wirkt ganz gut, aber *sehr* unbedeutend; dem über die Kinder Gesagten hab' ich nichts hinzuzusetzen; bleibt nur noch Pine selbst. Ich kann nicht sagen, dass mich irgendetwas erheblich gestört hätte; im Gegenteil, ihr Wesen ist nicht ganz ohne matronenhafte Würde, soweit ein Sperling Würde haben kann. Sie war aufrichtig erfreut mich wiederzusehn und gab dieser Freude in einer ruhig maßvollen Weise Ausdruck. Insoweit könnt' ich ganz und gar zufrieden sein. Sie ist aber tief-langweilig, genauso wie ihre Briefe. Alles ist wohlgesetzt und gibt sich den Anschein der Bildung, des Gedanklichen, der Ideen und des Idealen. Sie hat aber von alledem nichts. Alles ist Blech, klappert indes so geschickt, dass man es, bei einiger Unaufmerksamkeit, für Musik halten kann. Der Mensch stirbt wie er geboren wird. So war sie vor 50 Jahren und so wird sie aus dieser Zeitlichkeit scheiden. Die fleischgewordene Phrase, soweit man von Fleisch überhaupt reden kann, aber innerhalb der Phrasenhaftigkeit guten Glaubens und von der Echtheit ihrer Empfindungen, von der Mission, die sie innerhalb der Idealwelt erfüllt hat, tief durchdrungen. Ich weiß nicht soll ich sagen, eine beneidenswerte oder eine traurige Erscheinung! Ich wurde lebhaft aufgefordert, noch länger zu bleiben, hatte aber die Empfindung: 4 Stunden ist genug.

Es regnet immer noch, sodass ich von Basel, das ich übrigens kenne, diesmal nichts weiter sehn werde, als den Granatbaum, der kostbar blühend auf dem Hofe meines Hotels steht, und die Rheinbrücke. Im Wesentlichen hab' ich also meine Kenntnis der Stadt diesmal nur durch den »Storch« bereichert. Etwas wenig. Wenn die nächsten Wochen nicht mehr an Bildungs-Elementen bringen, so hätt' es Freienwalde auch getan. Ich gehe nun von hier direkt nach Konstanz, ohne mich unterwegs beim Rheinfall aufzuhalten, da der überschuhlose 55er nicht mehr in der Lage ist, um eines Naturschauspiels halber sich nasse Füße zu holen. Vergiss nicht die Zeilen an Hertz oder Frl. Marianne, je nachdem. Grüße die Freunde, küsse die Kinder und sei herzlich geküsst von Deinem alten
Th. F.

Theodor an Emilie Fontane

Neuhausen (Hotel Schweizerhof)
6. August 75

Liebe Frau.
Ich blieb im »Storch« drei Stunden länger als ich berechnet hatte. Schönheit und Liebenswürdigkeit der Wirtin waren nicht schuld daran; sie sah aus als habe sie der Storch zu viel oder zu wenig gebissen. Ihr Antlitz klärte sich auch nicht auf, wohl aber das Wetter. Dies bestimmte mich, nicht direkt nach Konstanz, sondern nur bis Neuhausen (Station in Nähe von Schaffhausen) zu gehn.

Man bleibt jetzt in der Regel an diesem Ort. weil man den Rheinfall von hier aus am schönsten sieht. Auch das Gasthaus ist hier am besten; echt-englisches Hotel, in dem man wieder Mensch wird. Viel tragen zu dieser wohltuenden Erscheinung allerdings die Engländer selbst bei; richtiger die Engländerinnen. Es hilft nichts, wir verschwinden neben ihnen. Ich will dies alte Streitthema nicht zum hundertsten Male behandeln, aber es ist so, wie ich sage. Durch Abstammung, Erziehung, Pflege, Freiheit und allerglücklichste Lebensverhältnisse repräsentieren sie schließlich eine höhere Rasse. Das ganze Volk trägt einen aristokratischen Stempel. Was bei uns in Einzelexemplaren vorkommt, kommt bei ihnen massenhaft vor. Auch bei uns gibt es Rosen, aber im Rosental zu Kaschmir wachsen sie wild.

Die ganze Rheinfall-Szenerie übertrifft weitaus meine Erwartungen, so das ganze Rheintal überhaupt, in dem wir gestern hierherfuhren. Rheinfelden, Säckingen und vor allem Laufenburg sind sehr schön. Schon vor zehn Jahren, als ich von Interlaken und Zürich aus heimkehrte, bin ich daran vorübergefahren, aber ohne das Geringste zu sehn. So reist man jetzt. Wahrscheinlich war ich müde und steckte auch nicht ein einziges Mal den Kopf zum Fenster hinaus. Der Rheinfall wirkt wie die Jungfrau. Was dort der Schnee tut, tut hier der Wasserschaum. Man steht hier wie dort einem Etwas gegenüber, das einen durch Reinheit beglückt. Dazu verwandte Farbenwunder. Inmitten dieser Schaummasse, die völlig wie ein Schneesturz niederdonnert, werden smaragdene Töne sichtbar, die an Schönheit mit dem Alpenglühn wetteifern können. Dies hier ist ein Punkt für Hoch-

zeitsreisende! Von Hotel zu Hotel traben oder Galerien absuchen, kann dem tapfersten Recken den honeymoon verleiden; aber in diesem Schweizer-Hof 14 Tage leben und das Dasein in Liebe, Rheinfall und substantial breakfast's gipfeln zu sehn, muss für einen 25-Jährigen himmlisch sein. Selbst die Langeweile verliert hier ihren Charakter. Es braucht hier nichts gesagt zu werden, ja es soll hier nichts gesagt werden. Die Natur ist in einem steten Donner, und wenn es donnert schweigt der Mensch. So wird hier auf natürlichem Wege, und fast von Schicklichkeits wegen, die Klippe vermieden, an der fast alle Liebespaare scheitern: die Unterhaltungsnot. Gesagt ist alles, und *immer* küssen geht über die menschliche Kraft. Deshalb gehe denn heute auch nur ein Kuss in die Heimat; über die Adresse schweig ich verschämt. Wie immer Dein alter
Th. F.

Theodor an Emilie Fontane

Ragaz d. 7. Aug. 75
Hof-Ragaz No. 165

Liebe Frau.
Gestern d. 6. Vormittags, unmittelbar nachdem ich an Dich geschrieben, verließ ich das Rheinfall-Hotel (Schweizerhof) und fuhr nach Konstanz. Es liegt sehr schön am Bodensee. Eine Dampfschifffahrt über diesen verbot sich, teils wegen des heftigen Windes der wehte,

teils weil ich dadurch fünf, sechs Stunden verloren hätte und erst spätabends hier eingetroffen wäre. So benutzte ich die am Bodensee hinlaufende Eisenbahn, nachdem ich für die Besichtigung der Stadt Konstanz noch ziemlich eine Stunde gehabt hatte. Das vielleicht interessanteste Gebäude derselben ist das »Kaufhaus«, jetzt das Konziliums-Haus geheißen, in dessen großer Halle (mit auf Holz-Säulen ruhender Holzdecke) die Kardinäle über Hus zu Gericht saßen. Wie in der Regel derartige Örtlichkeiten, so wirkte auch dieser Saal wenig echt; es ist nur noch der *Raum* als solcher, der das Interesse in Anspruch nimmt, die Dinge die ihn einschließen, ihn schmücken oder charakterisieren, gehören andren Zeiten an, vielleicht selbst die Decke und die Säulen. Fresken von Friedrich Pecht herrührend, einem geborenen Konstanzer, umziehen die Wände; es sind Szenen aus dem geschichtlichen Leben der Stadt. Hus hat drei Bilder: seine Verteidigung vor Kaiser und Konzil, seine Überführung in den Insel-Kerker auf Gottlieben und sein Feuertod. Hus selbst ist auf allen drei Kompositionen natürlich wieder Porträt von Friede Eggers. Die ganze Münchener Schule, Kaulbach an der Spitze, hat sich an ihm versehn. Im Übrigen fand ich die *sämtlichen* Kompositionen, etwa 10 bis 12, merkwürdig gut, die »Überführung des Hus über den See« sogar von herzbeweglicher Kraft. Es mag sich vieles dagegen sagen lassen, aber nicht ein einziges wirkte langweilig; alle hatten sie etwas von dem Reiz, der vorweg an aller *Handlung* haftet. Die einzige Kunst, die unsre Historienmaler in nur allzu vielen Fällen üben, besteht darin, dass sie die Tat gleichsam zu entnerven und das natürlich Gegebene in seinem Zauber zu entzaubern

verstehn. Gibt es etwas Ergreifenderes als »Conradins Tod«? Gibt es etwas Langweiligeres als die Bilder, die ihn darstellen? Wahrscheinlich existieren Ausnahmen; aber ich kenne keine.
Von Konstanz in etwa 4 Stunden hierher. Der Weg führt über Romanshorn und Rorschach, dann rheinaufwärts bis Chur, ein oder zwei kleine Stationen *vor* Chur liegt Ragaz. In Romanshorn traf ich die Familie Hoepner, fünf Mann hoch: er, sie, der Sohn, das Töchterchen und ein Mädchen. Wo nehmen sie das Geld zu solchen Reisen her? Vielleicht tut er dieselbe Frage. Sie kamen von München, wenn ich nicht irre, und gingen an den Vierwaldstätter See, um dort ihre Villaggiatur zu schließen.
Hier, in Ragaz, fand ich [die] teuren Wangenheims in bestem Wohlsein. Er absolut rüstig, ein stilles Mitglied des Alpenclubs; sie so gut wie völlig genesen, Arm und Hand wieder beweglich; Elsy um 5 Jahre verjüngt. Wir soupierten zusammen; es war sehr reizend. Leider ist mein Magen total ruiniert, ich kann nichts essen. In diesem Augenblick sitzen W's an der Table d'hote; ich kann aber nicht teilnehmen und will froh sein, wenn ich heut Abend einen Bissen genießen kann. Es ist ganz so wie im vorigen Jahre in Italien. – Heute Vormittag haben wir zusammen gefrühstückt (Tee), dann eine Fahrt, die berühmte Tamina-Schlucht aufwärts, nach Pfäffers gemacht. Bei Pfäffers wird die Schlucht zur bloßen Spalte, an der hin eine schmale Galerie führt; unten die Tamina, oben die Felsen wieder sich berührend oder doch nur handbreiter Zwischenraum. Unter allem derartigen, was ich gesehn, ist es das Großartigste. Die Fingalshöhle auf Steffa ist fast noch schöner und poetischer, verschwindet

aber an Imposance daneben. – Heute Abend fahr ich nach Chur; morgen früh über den Splügen nach Italien hinein.
Lebewohl; wie immer Dein
Th. F.

Theodor an Emilie Fontane

Auf dem Lago maggiore
9. August 75

Meine liebe Frau.
Da wären wir also wieder unter italienischem Himmel! Die durch Pietsch so berühmt gewordenen Nussbaum- und Kastanien-Alleen »die sich vom dunklen Hintergrund der Berge abheben« sind wieder um mich her, und auch die Weingirlanden ziehen sich von Baum zu Baum. Alles echt und vorschriftsmäßig.
Gestern Abend 9 Uhr traf ich, nach einer 16-stündigen Fahrt, in Bellinzona ein. Um 5 Uhr früh hatte ich Chur im Eilwagen verlassen. Unter gewöhnlichen Umständen wäre das eine Strapaze gewesen, und zwar eine umso größere, als ich während der drei Stunden, die ich zu Chur im Bett zubrachte, keinen Augenblick Ruhe gefunden hatte; nichtsdestoweniger war der ganze Tag eine Wonne von Anfang bis Ende. Selbst eine leise Prellerei, der ich ausgesetzt wurde, konnte daran nichts ändern. Sie ging mit Freundlichkeit Hand in Hand, was mich jedes Mal entwaffnet; nur die gemeine norddeutsche Betrügerei,

die nicht nur in dem Maß der Forderung, sondern auch in der Manier derselben Unverschämtes leistet, verdrießt mich. Wie ungermanisch bin ich doch! Alle Augenblick (aber ganz im Ernst) empfind' ich meine romanische Abstammung. Und ich bin stolz darauf.
Friedel hat Recht: das *Fahren* ist das Beste von der Geschichte. Einige machen die Hotels zur Hauptsache, andre die Bildergalerien, noch andere das Bergeklettern, als ob der Mensch von der Ziege abstammte. Dem allem steht die Friedelsche Schule, der ich mich anschließe, mit höherer Berechtigung gegenüber. Das Beste ist *fahren*. Mit offnen Augen vom Coupé, vom Wagen, vom Boot, vom Fiaker aus, die Dinge an sich vorüberziehen lassen, das ist das A & das O des Reisens. Was noch übrig bleibt, ist Sache des Studiums und auch mit diesem Studium ist es so, so. In den seltensten Fällen ist es möglich in den Kern der Dinge einzudringen, und wer sieben Monate lang in Rom lebte, wird nicht sehr viel mehr heimbringen als der, der es, sieben Tage lang, mit Plan und Buch in der Hand durchfahren hat. Wir lernen mit dem Auge am meisten; es ist beständig tätig; das Ohr nur sehr ausnahmsweise. Dazu kommt, dass wir im *Sehen* immer etwas empfangen, im *Hören* sehr oft nichts.
Also um 5 Uhr früh aus Chur. Ich hatte einen Platz im Cabriolet, neben mir zwei dänische Damen. Als Verfasser des »Krieges von 1864« schwieg ich mich patriotisch aus. Gleich der erste Moment, beim Einbiegen in die große Chaussee, war prächtig. Die rhätischen Alpen schlossen dunkel den Horizont, aber hoch über die vorderste Linie hinweg, schaute das Schneehaupt des Piz Beverin, das, eben im Morgenlicht erglühend, die sich ihm nähernden

Fremden freundlich begrüßen zu wollen schien. Die Fahrt geht rheinaufwärts. Nach etwa drei Stunden hatte man Thusis erreicht, das am Eingangstor der berühmten Via mala gelegen ist. Ich orientierte mich ein wenig, während die Pferde gewechselt wurden. Jetzt trat der Kondukteur, ein breitschultriger Graubündner, dessen ursprüngliche Schweizer-Barschheit längst in milde stimmenden Spirituosen untergegangen war, an mich heran und machte die Bemerkung, dass ich vom Cabriolet aus nicht viel sehen würde; »der Bankett-Platz, *das* sei das Wahre, um Umschau zu halten; die ›Differenz‹ könnte ich später an ihn erlegen«. Mein bereitwilligstes Eingehn auf diesen Vorschlag kostete mich, außer einer Anzahl Trinkgelder, 7 Francs 45 Centimes, die natürlich auch nur eine zwischen zwei, drei Verschworenen zu teilende Kriegskontribution waren. Der mir geleistete Dienst war aber viel größer als die Brandschatzung, sodass ich meinem Kondukteur auch noch nachträglich aufrichtig dankbar bin. Nur von dem offnen Bankett-Platz aus war es möglich, die Zauber dieser Straße auf sich wirken zu lassen, denn man muss eben imstande sein, jeden Augenblick, rechts oder links, nach oben oder unten blicken zu können. Beständig drängte sich mir die Erinnerung an das Böcklinsche Bild auf; alles war da; nur der Ichthyosaurus kuckte *nicht* aus seinem Felsenfenster heraus. Und dennoch fehlte auch er nicht; denn der Ichthyosaurus, den der Künstler so genial erfunden hat, ist allerdings der Genius loci dieses Orts, nichts als die Verkörperung des Schreckhaften, des Elementar-Ungeheuerlichen, das, aus Fabelzeiten her, hier seine Stätte hat. Was alles man auch über Böcklin sagen, ja ob man beweisen mag, dass dies und ähnliches gar keine

malerischen Aufgaben seien, dennoch ist mir schließlich solch Nicht-Maler lieber als hundert andre, denen niemand ihren Titel bestreitet.
Auf Beschreibung dieses großen Stücks Natur lass ich mich nicht ein; diese undankbare Aufgabe überlass' ich den Touristen generis communis, die keine Ahnung davon haben, dass die äußerliche Beschreibung nur klein macht und dass die Schilderung der *Wirkung* dieser Szenerie nur von einem Poeten in seiner besten Stunde geleistet werden kann. Nur eines. Ich hätte nicht geglaubt, dass nach allem, was ich in meinem Leben gesehn habe, ich noch so mächtig von Dingen dieser Art bewegt werden könnte. Zum Teil mag es daran liegen, dass meine Schweizer-Eindrücke aus früher Zeit her, schon wieder verblasst waren*, während die Eindrücke, die Italien gibt, doch von ganz andrer Natur sind. Neapel beispielsweise ist auch großartig; aber es ist eine großartige *Schönheit*, in der doch zuletzt das Großartige im Schönen untergeht. In der Tamina-Schlucht hingegen und fast noch mehr in der Via mala wird die Großartigkeit ganz rein verzapft; wenn sie einen Beisatz hat, so ist es der des Schrecklichen, der zum Imposanten und Gewaltigen au fond besser passt als das Schönheitliche. Das Wesen der Schönheit ist das Maß, das in einer Art Gegensatz zum Großartigen steht.
Sehr bald nach der Via mala kommt das hochgelegene Dorf Splügen, das für zwei, von Chur nach Italien führende Linien, den Gabelpunkt bildet. Die eine, die später bei Chiavenna mündet, führt über den Splügen selbst, die andre über den Bernhardin. Diese letztre war die von mir gewählte, weil mein Reiseplan dahin ging, an der Nordspitze des Lago maggiore Italien zu erreichen. An

dieser Nordspitze, oder doch in unmittelbarer Nähe derselben, liegt Bellinzona.
Um 1 Uhr waren wir in Dorf Splügen und nahmen ein ganz gutes Diner. Um 2 Uhr weiter. Ich immer noch auf dem Adlerhorst meines Bankett-Platzes thronend. Beim Abfahren rief mir ein zurückbleibender Postillon zu: »ja, das ist der beste Platz«. Ich hörte gleich etwas wie Schelmerei heraus, ohne im Übrigen viel Gewicht darauf zu legen. Bald indessen sollte mir die Tragweite dieses Scherzes klar werden. Der Bernardin, den wir jetzt in der Serpentine erkletterten, ist ganz kahl, und da saß ich nun im glühenden Sonnenbrand, immer kochiger und gedunsener werdend, durch nichts getröstet als durch die Betrachtung, dass ich für 7 Francs 45 Centimes den teuersten Platz des Wagens erstanden hatte. Die Nase tat mir weh, und ich fühlte, dass ich mit jedem Augenblick dem alten Kießling ähnlicher wurde. Nur bewahrte mich der Schilber-Zustand vor der Porosität. Ich konnte mich über das Peinliche und noch dazu Ridiküle meiner Lage nicht länger täuschen; die Sonne brannte, dass ein Straußenei hätte ausgebrütet werden können; alles einsam; nur die Adler und – ich in der Luft. »Non soli cedo«. Ich wich aber schließlich *doch*, ließ halten und kletterte (die Cabriolet-Plätze waren mittlerweile andrerseits besetzt worden) in den Fond des Wagens. Dies war ein Glück für mich. Hier herrschte am meisten Schatten, und nach Schatten dürstete meine Seele. Zudem war ich allein. In diesem Alleinsein schwelge ich ordentlich. (Dies geht nicht gegen Dich. Du warst eine vorzügliche Reisegefährtin.) Während ich früher meine Scheuheit anklagte, segne ich sie jetzt. Es verlohnt sich nicht, auch nur ein

einziges Wort zu sprechen; alles triviales, dummes Zeug, das einen nur von einer scharfen oder mußevollen Betrachtung der Dinge abzieht.

Der Weg den Bernhardin *hinauf* war trist und langweilig, sein Plateau interessant, der Weg berg*abwärts* entzückend, namentlich auf der Strecke von dem kleinen Badeorte San Bernardino bis Mesocco. Dies ist – selbstverständlich mit Ausnahme der Via mala, die ein Ding für sich ist – die brillanteste Strecke des Weges; die Hitze ließ jetzt nach; die Farbentöne wurden immer schöner. Ich rückte deshalb, nachdem mein Platz im Cabriolet wieder frei geworden war, aus dem Fond des Wagens abermals in den fensterreichen Frontkasten ein. Ich sollt' es nicht bereuen; selbst das Störende gestaltete sich zum erheiternden Zwischenspiel. In San Bernardino war ein Chaussee-Arbeiter aufgestiegen, den man aus Gutmütigkeit mitnahm. Er presste sich, so gut es ging, mit in den Bockkasten des Postillons hinein. Da dieser Platz aber für zwei nicht recht ausreichte, so kam es, dass das linke Bein des blinden Passagiers gerade vor meinem Cabrioletfenster hing. Zum Überfluss hatte er, kurz vor dem Aufsteigen, in einen halb-ausgetrockneten Fladen getreten, dessen, durch einen halben Strohhalm augmentierten Überreste, an seinem Hacken hingen. Alles in allem kam, mit Hilfe des Halms, eine unregelmäßige Sichel heraus, die nun, innerhalb des Fensterrahmens, eine zweite, engere Umrahmung schuf. Lunettenartiger Ausschnitt. Über das einigermaßen Unappetitliche kam ich leicht hinweg. Ich hätte in diesem Augenblick verdient Wichmann zu sein. Auch war die ganze Szenerie in der Tat von so viel Lieblichkeit, dass nur ein Griesegram

hätte mäkeln können. Sonntag-Nachmittag; das Volk überall geputzt und plaudernd, oder auch zur Heu-Ernte hinausgegangen. Inmitten der Heuenden stand eine junge schöne Frau, die die ganze Wiege, in der ihr Kind lag, wie einen Leierkasten auf dem Rücken trug. Was mich aber am meisten erheiterte, war das Folgende. Wir fuhren *bergab*; deshalb genügten vier Pferde, während *bergauf* fünf gebraucht zu werden pflegen. So blieb denn von den fünf Umspann-Pferden, die am Vormittag, einige Stunden vor unsrer Ankunft in San Bernardino, von Mesocco aus hinaufgeklettert waren, eins übrig, das aber doch auch wieder zurückmusste. Wie geschah das nun? Auf die einfachste Weise von der Welt. Schon mochten wir eine Meile oder mehr bergab sein, als ich plötzlich mit Hilfe der Serpentine eines Pferdes ansichtig wurde, das, während es uns in Wahrheit auf fünfzig Schritt *folgte*, an jeder Biegungsstelle nicht *hinter*, sondern *neben* uns war. Dann und wann, wenn nur ein einfaches Stück Wiesenland den Raum zwischen der Serpentine füllte, sparte sich das kluge Tier die überflüssige Wegstrecke, durchschnitt geschickt den grünen Streifen und lief nun gerade auf unser Seitenfenster zu. Hineinkuckend begrüßte es uns durch das Schellenklingeln seines Geschirrs und nahm dann wieder die Queue, in pflichtschuldigem Abstand dem Wagen folgend.
Ich könnte in solchen Schilderungen fortfahren; aber es wird zu viel, und – Doubletten wirken nicht. Der Mond ging auf und warf sein Licht über verschiedene Bergwässer, zuletzt über den Tessin. Um 9 Uhr fuhren wir in Bellinzona ein. Ich nahm Abschied von meinem Kondukteur, der *sehr* freundlich war, und zog in den »Engel« ein,

der seinem Namen Ehre machte, was man nicht von jedem Engel sagen kann. Ich war todmüde und schlief wie in Abrahams Schoß.

Diesen Tagesbericht hab' ich wirklich während der Bootfahrt auf dem Lago maggiore geschrieben, aber – mit Bleistift in mein Notizbuch. Dies ist die Abschrift davon. Sie ist mir blutsauer geworden, da zwei Federn, die mir Zimmermagd und Kellner lieferten, gleich schlecht waren. Morgen früh rechne ich auf einen Brief von Dir; mög' ich Gutes hören. Mit meinem Befinden geht es seit der Fahrt über den Bernardin besser; die furchtbare Hitze scheint mich kuriert zu haben.
Leb wohl; herzlichst wie immer Dein
Th. F.

* Ein Herr, mit dem ich von Konstanz bis Rorschach fuhr, sagte mir sehr richtig: »ich habe den Rheinfall vor 20 Jahren gesehn, aber ich habe kaum noch eine Vorstellung davon«. Alles verblasst mit den Jahren; Weniges was in Farbenfrische in uns fortbesteht. Soll man sagen: »Schade« oder »Gott sei Dank«.

Parkettplatz Nr. 23

1870 starb der alte Gubitz; die Vossische Zeitung sah sich nach einem Ersatzmann für ihn um, und ich rückte an seine Stelle. Mit Beginn der Spielzeit (15. August) sollte ich eintreten.

Als diese Abmachungen im Mai oder Juni getroffen wurden, lag die Welt in tiefem Frieden, und ich genoss in unmittelbarer Woche desselben an einer allerfriedlichsten Stelle: ich war in Warnemünde und ging täglich die Mole hinunter bis ans Spill, um einen Seehund zu sehen oder die Segel am Horizont zu zählen. Aber diese Ruhe währte nicht lange, am 6. Juli hatte die Szene zwischen König Wilhelm und Benedetti gespielt, Ende Juli hieß es: die französische Flotte steure in die Ostsee, und Anfang August sagte ich zu meiner Frau: »Die Sache wird hier gefährlich, die Franzosen können jede Nacht landen und entführen dich. Was fang' ich dann an?« Unser ältester Sohn, der erst 18 war, war mit dabei, aber es ängstigte mich nicht sonderlich. Ich weiß nicht, wie ich dazu komme, mir das alles nicht so furchtbar vorzustellen. Vielleicht, weil ich in dem siebentägigen Krieg von 66 wie befangen war. Noch am 17. oder 18. August, als mir ein Freund unseres Hauses (unser Arzt), der vorsprach, erzählte: »Der Krieg hat bis heute schon mehr Menschen gekostet als der ganze 66er Krieg«, war ich ungläubig. Erst ein paar Tage darauf (nach St. Privat) dämmerte mir eine richtige Vorstellung.

Wirklich, ein gewisses Unsicherheitsgefühl kam über

uns, und wir traten am 6. August unsern Rückzug an. In Schwerin, wo wir einen Tag verweilten, hieß es in der sechsten Stunde: großer Sieg (bei Wörth), aber am rechten Flügel steht es noch. Schwerin stand Kopf, und in dem Weinlokal, in dem ich gerade saß, sah ich sofort eine Bowle brauen, wie sie, in Deutschland, wohl nur in Mecklenburg gebraut werden kann. Am andern Tage war ich in Berlin, und ein paar Tage später begannen die Vorstellungen, und ich nahm meinen Kritikerplatz ein.

Dies war damals Nummer 23. Schon eine merkwürdige Zahl. In überfüllten Hotels bin ich fast immer Nummer 23 untergebracht worden und habe da Schreckliches erlebt. Das kann ich nun von Nummer 23 im Königlichen Schauspielhaus eigentlich nicht sagen. Ich habe da viel angenehme Stunden zugebracht, aber ein merkwürdiger Platz war es doch auch. Es war nämlich kein eigentlicher Parkettplatz, sondern nur ein Annex, ein Vorposten, ein ausgebautes Fort, man könnte auch sagen Sperrfort, und wuchs ganz, in die scharfe Ecke zwischen Proszeniums- und Parkettlogen hineingebaut, von dieser Ecke her in den Parkettgang vor. Knierempeleien waren also ganz was Alltägliches. Das Hässlichste war die Abgesondertheit. Wer eine hohe Meinung von sich hatte, der konnte sich beglückt fühlen, hier ein Gegenstand der Aufmerksamkeit zu sein, wer dieses Gefühls entbehrte, für den war es peinlich. Für den Eitlen war Nummer 23 ein kurulischer Stuhl, für den weniger Eitlen ein Armensünderbänkchen. Denn man bilde sich nur nicht ein, dass ein Theaterkritiker ein Richter ist, weit öfter ist er ein Angeklagter. »Da sitzt dieses Scheusal wieder«, habe ich sehr oft auf den Gesichtern gelesen.

Mein Kritikerdebüt fiel auf den 15. oder 25. August. Es wurde »Wilhelm Tell« gegeben, wohl mit Rücksicht auf die Zeitlage … Der und der gab den Tell, Friedmann den Gessler. Ich fand die Vorstellung ziemlich langweilig, Friedmann aber sehr gut. Ich sprach dies Lob auch aus, und zwar ganz ohne Einschränkung. Am zweiten Tag (damals ging es noch nicht so flink wie jetzt) stand es im Blatt, und schon gegen Mittag hatte ich einen Brief von Friedmann, stilistisches und kalligraphisches Meisterstück und wundervoll in einer Art Königshandschrift unterzeichnet: Siegwart Friedmann. Er schrieb mir, er müsse mir danken; er sei nun schon eine ganze Weile Schauspieler, aber das sei ihm noch nicht vorgekommen, dass ein Kritiker uneingeschränkt und bedingungslos gelobt habe. Dieser Brief hat damals einen großen Eindruck auf mich gemacht und ist nicht ohne Einfluss auf meine Schreibweise geblieben; ich habe vermieden, mit der Linken wieder zu nehmen, was ich mit der Rechten eben gegeben habe. Natürlich ist dies nur möglich, wo man, sei's durch das Stück, sei's durch den einen oder andern Darsteller, hingerissen worden ist. Ist dies der Fall, so muss man sich die Freude des herzlichen Lobenkönnens nicht durch Hervorhebung missglückter Kleinigkeiten halb verderben. Man schädigt sich dadurch in seinem eignen Genuss. Anders liegt es natürlich da, wo man einer Leistung ruhig gegenübersteht oder wo sich Gutes und Nichtgutes balancieren, da muss man dann freilich seine Gewichte in beide Schalen werfen.

»Wilhelm Tell« war am 25. – Ich wohnte noch einer oder zwei Vorstellungen bei, dann kam eine lange Unterbrechung durch meinen Abgang auf den Kriegsschauplatz oder, wenn man will, durch meine Schlachtenbummlergastrolle. Wenn man will, kann man es so nennen. Es war aber was andres. Ich sollte den Krieg beschreiben, und wer dabei nicht bloß, auf seinem Drehstuhl reitend, auszugsweise mit der Papierschere vorgehen will, wer, wenn weiter nichts, so doch wenigstens die Szenerie kennenlernen will, um hinterher sein Bild zu malen, der hat den Beruf, sich die Sache anzusehn. Aber man soll sich nicht Spielverderber sein. Also Schlachtenbummler! Als solcher wurde ich gefangengenommen, weggeschleppt (ich habe darüber ein Buch geschrieben) und war ein bis zwei Monate lang auf der Insel Oléron. In der ersten Dezemberwoche war ich wieder zurück (Wer hatte mich befreit? Die katholische Partei oder die Judenpartei oder die Regierungspartei?), verletzte meine Freunde (die in ihrem ärgerlichen Gefühl gegen mich ganz recht hatten) durch eine halb ulkhafte Behandlung alles inzwischen Erlebten und nahm um die Weihnachtszeit meine Berichterstattung wieder auf.

Es kam nichts von Interesse vor, bis Ende Januar etwas Hochinteressantes erschien: »Der Gefangene von Metz«, Schauspiel in fünf Akten von Karl Gutzkow.

Mit Friedmann war es mir gut gegangen, mit Gutzkow ging es mir schlecht. Ich darf aber sagen: er war schuld. Es war ein furchtbares Stück.

Jeder verständige Mensch, der mal Kritiker gewesen ist oder noch ist, wird wissen, dass es zu den schwierigsten und peinlichsten Aufgaben des Metiers gehört, oft auch Berühmtheiten, ja, was schlimmer ist, auch solchen, die einem selber als Größen und Berühmtheiten gelten, fatale Sachen sagen zu müssen. Aber da sind nun wieder Abstufungen. Liegt es bloß so, dass einem die Sache nicht gefällt oder auch andern missfällt, so kann man sich drum herumdrücken, das kann man auch noch, wenn sie einem beinah missfällt; man hebt dann die guten Dinge (Haupthilfsmittel, unter denen Hervorhebung der »schönen Sprache« eine Hauptrolle spielt) mäßig hervor und gibt dem Tadel einen sehr ruhigen, überall abwägenden Charakter. Schlimmer, viel schlimmer wird es schon, wenn man sich über ein Stück ärgert. Aber auch hier ist noch Maßhalten möglich; ganz schlimm aber wird es, wenn man sich empört, wenn man in Indignation und Wut gerät und einem das Gefühl kommt: ja, wenn du hier nicht das Tollste sagst, so ist das eine Feigheit; du musst deiner Indignation Ausdruck geben.

So lag es für mich, als ich diesen »Gefangenen von Metz« sah. Das Antifranzösische mochte noch gehen, aber es traf sich auch so, dass es auch ein antikatholisches Stück war, ja, das erst recht. Und ein von Borniertheit eingegebener Antikatholizismus ist mir immer etwas ganz besonders Schreckliches gewesen. Und nun in einer Zeit, wo eine zur Hälfte aus Katholiken bestehende deutsche Armee in Feindesland stand, in solcher Zeit ein antikatholisches Stück oder wenigstens eine Hauptfigur in ihm, die den Katholizismus widerlich darstellte! Herr … gab einen Abt oder Bischof, ich glaube Abt von Loccum, und sein grob-charaktervolles Spiel schlug dem Fass den Boden aus. Er hatte zum Unglück auch noch eine riesige Nase, und diese wirkte wie Sinnbild oder Organ all der Hässlichkeit, die zu begehen nach dem Willen des Dichters ihm oblag. Wie hatte man das Stück wählen können?! Ich wusste nicht, wer mir schwerer auf die Nerven fiel: der Intendant oder der Dichter oder der Darsteller mit seinem Obszönitätsrüssel. Ich saß auf meinem Platz und wand mich vor seelischem und physischem Unbehagen. Es musste dies wohl sehr stark in die Erscheinung getreten sein, denn als der Vorhang nach dem zweiten oder dritten Akt fiel, ergriff von seinem Parketteckplatz her ein Herr meine Hand und sagte: »Lieber F., wenn Sie morgen darüber schreiben, vergessen Sie nicht, dass Gutzkow ein kranker Mann ist. Oder wenigstens war, sehr krank.«

Der Sprecher war Dr. Max Ring. Es machte einen großen Eindruck auf mich. Ich kriegte doch einen kleinen Schreck und dankte ihm aufrichtig, dass er mir das gesagt. Es half aber nichts, wenigstens nicht viel, und ich kann mir keinen Vorwurf darüber machen. Dann hört alles auf. Sollen immer erst ärztliche Zeugnisse eingefordert werden, so ist es mit aller Kritik vorbei, gleichviel ob der Kritiker ein Gerichtspräsident oder bloß der Insasse von Nummer 23 ist. Schlecht ist schlecht, und es muss gesagt werden. Hinterher können dann andre mit den Erklärungen und Milderungen kommen. – Gutzkow war natürlich außer sich. Er beschwerte sich bei der Zeitung, die sich sehr korrekt benahm und ihm eine Entgegnung auf meine Kritik zusagte, die zu widerlegen dann freilich auch dem Kritiker zustehen müsse. Ich habe dies alles erst später erfahren. Er stand davon ab. Ich glaube zu seinem Frommen, denn wiewohl er ein sehr kluger Herr und ein Mann großer kritischer Schärfe war (seine Begabung lag recht eigentlich nach dieser Seite hin), so war ich doch so von dem Berechtigten eines heiligen Eifers durchdrungen, dass ich, glaub' ich, als Sieger aus dem

Kampfe hervorgegangen wäre. Natürlich nur in den Augen einiger Kenner. Die Publikumsmasse geht nach dem Namen und hätte in mir den Dorfspitz gesehen, der den Mond anbellt. Nach dieser Seite hin waren mir noch allerhand Erfahrungen und Demütigungen vorbehalten. Man muss sich drin finden. Es ist ganz andern Leuten ebenso oder noch schlimmer ergangen.
Meine damalige Kritik halte ich noch jetzt für richtig. Meine Meinung über Gutzkow. Parallele mit Hebbel. Dieser ihm unendlich überlegen, weil durch und durch Künstler. An Klugheit waren sie sich wohl gleich. Auch an dichterischer Beanlagung waren sie nicht so verschieden, wie's manchem erscheinen mag. Gutzkow, den ich immer für einen Nicht-Dichter gehalten habe, war zwar nicht so undichterisch; sieht man das Ganze so von der Ferne an, so hat sein Tun und Wirken beinah was Imponierendes. Es ist viel von ihm gewollt und doch auch beinah viel erreicht worden. Aber die Form, die Art der Arbeit, da beginnt der Nicht-Künstler. Der Künstler in ihm stand weit hinter dem Dichter zurück. Und dazu dieser unglückselige Charakter. Diese echt berlinische Neidhammelei, die's nicht über sich gewinnen kann, angesichts von etwas Großem oder auch nur Gelungenem zu sagen: »Ja, das ist gelungen«, sondern immer nur nach den Schwächen späht aus erbärmlicher Eitelkeit und Großmannssucht. Er war wirklich eine bedeutende, aber zu gleicher Zeit eine ganz unerquickliche Erscheinung. Er hatte wohl ein Dichtertalent, aber kein Dichterherz. Sein Leben war nicht glücklich, konnte es nicht sein.

Friedrich Schiller: Die Räuber

Sonnabend den 27. April 1878, neu einstudiert: Die Räuber, Trauerspiel in 5 Abteilungen von Schiller. In Szene gesetzt vom Regisseur Deetz.

Das am Mittwoch mit den »Räubern« beginnende Gastspiel der Meininger wurde gestern, Sonnabend, durch eine Schauspielhaus-Vorstellung der »Räuber« eingeleitet. Unser königl. Theater unterzog sich mithin abermals der kollegialischen Pflicht, auf diesem nicht mehr ungewöhnlichen Wege das Eintreffen der Meininger zur Kenntnis des Publikums zu bringen.

Es ist eine Reihe von Jahren, dass ich die »Räuber« zum letzten Male sah, und manches seitdem hat eine Veränderung erfahren. Die geschlossene Zimmer-Dekoration in der 1. Szene des 2. Aktes, ebenso die für die Gartenszene (Franz und Amalie) des 3. Aktes, erschienen mir neu; wichtiger aber als dies und ähnliches war die Neubesetzung der meisten Rollen. Herr Krause gab den alten Moor, Herr Ludwig den Karl Moor, Herr Urban den Schweizer, Herr Klein den Roller, Herr Berndal den Pastor Moser. Vielleicht haben noch andere Verschiebungen stattgefunden.

Keine derselben indes hat ausgereicht, Herrn Kahles Franz Moor zu dethronisieren. Auf so schlechten Fundamenten die reale Herrschaft dieses »jüngeren Sohnes« ruht, auf so guten ruht die künstlerische seines Darstellers. Es ist eine Reihenfolge allerglänzendster Szenen. Was ich am meisten bewundere, ist die reiche *Nuancie-*

rung, die beispielsweise die nach meinem Gefühl viel zu lang ausgesponnenen Angst-Szenen des 5. Akts einzig und allein vor dem Eindruck der Langenweile bewahrt. Wenn »Kürze die Seele des Witzes« ist, so ist Kürze auch die Seele des Schrecks, des Schauders, des Gespenstischen; wird einem zu viel davon vorgesetzt, so schlägt – im Leben oft, in der Kunst *immer* – der ganze Gruseligkeits-Apparat in sein Gegenteil um. Herr Kahle, durch ein Herausarbeiten immer neuer Stimmungs-Momente, hilft einem über das bedrohliche Kein-Ende-nehmen hinweg. Vielleicht ist der Franz Moor niemals so »reich« gespielt worden, und wenn uns eben noch das sichere Werfen und Fangen von drei Messern entzückte, so werden, ehe wir's uns versehen, aus den drei Messern fünf und aus den fünfen sieben. Immer neue Geschicklichkeiten; immer neue Wunder. Das Bewundernswerteste aber bleibt die Verquickung des Heterogenen, das à tempo Hervortretenlassen der entgegengesetztesten Empfindungen: Angst, Hoffnung, Freude. Die Kunst kann darüber nicht hinaus. Aber wenn sie auch nicht *weiter* kann, so kann sie doch vielleicht *höher*. Nach der technisch-virtuosen Seite hin ist die Grenze des Möglichen erreicht, nicht so nach der Seite der letzten und tiefsten Charaktererfassung. Herr Kahle charakterisiert in einem fort, er packt zehnerlei Wurzelfaserwerk, aber die geheimnisvoll verborgene Lebensstelle, wo das Vielgestaltige in Einheit ruht, diesen letzten Wurzelpunkt, aus dem alles andere aufsprießt, *den* hat er nicht erfasst. Hätt' er es, so würde sein Franz Moor einen noch bestimmteren Stempel tragen; der Franz Moor der Einzelszenen würde vielleicht verlieren, aber der Ganz-Franz-Moor würde gewinnen und sich unserem Gedächtnis tiefer einprägen. An die Stelle wundervoller Variationen würde siegreich das Grundthema treten, das doch immer das Entscheidende bleibt. Dieser Hinweis auf das, was fehlt, darf aber nicht missverstanden werden. Es ist *doch* ersten Ranges und im »Genrehaften« unübertrefflich. Dieses Wort drückt vielleicht am besten aus, was ich meine. Das Genre geht auf die Vielheit, die Tragödie geht auf die Einheit.

Herr Ludwig gab den Karl Moor. Er gehört zu den feinen, gebildeten, ihre Kunst ernstnehmenden Schauspielern, die nie etwas verderben werden. Aber ich kann auch nicht behaupten, dass er's in diesem Karl Moor besonders getroffen hätte. Alles was ihn, von Natur wegen, bei seinem Hamlet unterstützt, schädigt ihn bei seinem Karl Moor. Er ist nervös, reflektierend, brütend; das gibt einen Dänenprinzen, aber keinen Räuberhauptmann. Die ganze Figur ist aus der Renommier-Epoche des vorigen Jahrhunderts herausgeboren und konnte vollendet nur von jenen Renommier-Genies gespielt werden, die damals das Leben und die Bühne unsicher machten. Sie sind dahin. Requiescant in pace. Einer der letzten, den ich noch erlebt habe, war der große Kunst. Um den Karl Moor zu spielen, muss man an ihn glauben. Aber welcher gebildete Mensch kann das. Fände sich einer, so tut er mir leid. Im Leben wird jede Kraftmeierei verlacht; auf der Bühne sollen wir sie nach wie vor pietätvoll hinnehmen. Wenn die Pietät andre Wege ginge, so könnt' es nichts schaden; die Bibel muss sich alles gefallen lassen, Schiller ist sakrosankt. Gutzkow hat ganz recht, wenn er gegen diese schnöde Kritiklosigkeit, die sich hundert hohe Namen gibt und im Grunde nichts ist als Nachplapperei, Feigheit und Ungerechtigkeit, protestiert. Es gibt keine Karl Moors mehr, und *weil* es keine mehr gibt, so sind sie auch nicht mehr zu spielen. Kann man sein Herz an eine Sache setzen, über die man lacht? Phrasen sind nur im Munde dessen wirksam, der selber noch auf dem Standpunkte der betreffenden Phrase steht. Was in der Rolle echtmenschlich ist: der Jammer über den schwachen, misshandelten Vater, und bis zur Raserei gesteigerte Wut über den nur durch *seine* Hand zu strafenden Niedertrachts-Bruder – dies kam, in der ganzen zweiten Hälfte des 4. Aktes, vorzüglich zum Ausdruck. Alles andere war Durchschnitt und *kann* nichts weiter sein.

Herr Klein gab den Roller. Der Vortrag seiner verzweifelten Rettungsfahrt vom Galgen bis in das Räuberlager – eine der wundervollsten Stellen des ganzen Stücks – ergriff mich, besonders der Schlusspassus, wo er von den »sakermentalischen Anstalten« und der »verfluchten Maschine« spricht; der ganze Graus eines solchen Herganges stand mir leibhaftig vor der Seele – nichtsdestoweniger war er kein richtiger Roller. In den 30er Jahren hab' ich Stawinsky gesehen, *das* war ein Roller. Es gehört eine Persönlichkeit dazu, die Herr Klein nicht hat; und wenn es eine Gruppe von Menschen gibt, die sich, bei allem sonstigen Respekt vor dem »von innen heraus gestalten« damit *nicht* abfinden lässt, so ist es die Gruppe der Räuber. Das Physische fällt hier schwer mit ins Gewicht.

Von den andern Mitspielenden sind noch die Herren Urban (Schweizer), Hiltl (Spiegelberg), Link (Kosinsky), Berndal (Pastor Moser) und Oberländer (Pater) zu nennen. Herr Krause (der alte Moor) gab im letzten Akt ein

wirkungsvolles Bild; auch Herr Schmidt (Daniel) hatte sehr gute Momente.
Am Dienstag Wiederholung der neu einstudierten »Räuber«; dann, vom Mittwoch an, Räuber-Wettrennen auf zwei Bühnen. Wer wird siegen. Berlin beginnt sich bereits in zwei Heerlager zu teilen, und der Blick in die nächste Woche ist ein Blick in die böhmischen Wälder.

Meine Kinderjahre
Sechzehntes Kapitel

Vierzig Jahre später. Ein Intermezzo

Wie der Leser schon aus der Kapitelüberschrift entnehmen wird, habe ich vor, in dem unmittelbar Nachstehenden mich weit jenseits der hier zu schildernden Swinemünder Tage niederzulassen, welches Vorhaben mit dem Wunsche zusammenhängt, das Charakterbild meines Vaters nach Möglichkeit zu vervollständigen, will sagen, nach *oben* hin abzurunden. *Denn wie er ganz zuletzt war, so war er eigentlich.*

In dem bis hierher dem Leser vorgeführten und zugleich den eigentlichen Inhalt des Buches ausmachenden Zeitabschnitte, nach dem ich denn auch das Ganze »Meine Kinderjahre« betitelt habe, war mein Vater noch sehr jung, wenig über dreißig, und stand im Leben und in Irrtümern; in seinen alten Tagen aber – und um eben deshalb greif' ich hier, in einem Exkurse, so weit vor – waren des Lebens Irrtümer von ihm abgefallen, und je bescheidener sich im Laufe der Jahre seine Verhältnisse gestaltet hatten, desto gütiger und persönlich anspruchsloser war er geworden, immer bereit, aus seiner eigenen bedrückten Lage heraus noch nach Möglichkeit zu helfen. In Klagen sich zu ergehen, fiel ihm nicht ein, noch weniger in Anklagen (höchstens mal gegen sich selbst), und dem Leben abgewandt, seinen Tod ruhig erwartend, verbrachte er seine letzten Tage comme philosophe.

Ich besuchte ihn alle Jahre einmal, und von meinem letzten Besuche bei ihm, der in den Sommer 67 fiel, möchte ich hier erzählen.
Er wohnte damals, schon zehn oder zwölf Jahre lang, in Nähe von Freienwalde, und zwar in einer an der alten Oder gelegenen Schifferkolonie, die den Namen »Schiffmühle« führte und ein Anhängsel des Dorfes Neu-Tornow war. Vereinzelte Häuser waren da, in großen Abständen voneinander, an dem träg vorüberschleichenden und von gelben und weißen Mummeln überwachsenen Flusse hin, während sich unmittelbar hinter der Häuserreihe ziemlich hohe, hoch oben mit einem Fichtenwalde besetzte Sandberge zogen. Genau da, wo eine prächtige alte Holzbrücke den von Freienwalde her heranführenden Dammweg auf die Neu-Tornowsche Flussseite fortsetzte, stand das Haus meines Vaters. Von welchen Erträgen er es erstanden hatte, weiß ich bis diesen Tag nicht, denn als er es kaufte, war er nicht eigentlich mehr ein Mann der Häuserkaufmöglichkeiten, wenn das erstandene Haus auch freilich nur ein bescheidenes Häuschen war. Wie's aber auch damit stehen mochte, er nannte dies Haus sein eigen und *»klein aber mein«*, diese hübsche Inschrift, die das Prinz-Friedrich-Karlsche Jagdschloss Dreilinden ziert, hätt' auch er diesem seinem Häuschen geben können. Er bewohnte dasselbe mit einer Haushälterin von mittleren Jahren, die nach dem Satze lebte: »Selig sind die Einfältigen«, aber einen etwas weitgehenden Gebrauch davon machte. Seine Trauer darüber war humoristisch rührend, denn das Bedürfnis nach Aussprache blieb ihm bis zuletzt. Glücklicherweise hatte er sich schon

vorher an Selbstgespräche gewöhnt. Er dachte laut; das war immer seine Aushilfe.
Ich hatte mich, wie gewöhnlich, bei ihm angemeldet, machte zunächst die reizende Fahrt bis Eberswalde per Bahn, dann die reizendere bis Freienwalde selbst in einem offenen Wagen und schritt nun auf einem von alten Weiden eingefassten Damm auf Schiffmühle zu, dessen blanke rote Dächer ich gleich beim Heraustreten aus der Stadt vor Augen hatte. Der Weg war nicht weiter als eine gute halbe Stunde, Rapsfelder links und rechts, einzelne mit Storchnestern besetzte Gehöfte weit über die Niederung hin verstreut und als Abschluss des Bildes jene schon erwähnte, jenseits der alten Oder ansteigende Reihe von Sandbergen. Als ich bis in Nähe der Brücke war, war natürlich auch die Frage da: »Wie wirst du den Alten finden?« Aber eh ich mir noch darauf Antwort geben konnte, sah ich ihn auch schon. Er hatte, von der Giebelstube seines Hauses her, mein Herankommen beobachtet, und als ich eben meinen Fuß auf die vorderste Brückenbohle setzen wollte, stand er auch schon an der anderen Seite der Brücke, mit seiner linken Hand zu mir herüberwinkend. Er hatte sich, seit er in Einsamkeit lebte, daran gewöhnt, die Kostümfrage etwas obenhin zu behandeln, und so war ich nicht überrascht, ihn an diesem warmen Junitage bis an eine äußerste Grenze freiheitlicher Behandlung gelangt zu sehen. Er trug graue Leinwandhosen und einen dito Drillichrock, unter dem, denn er hasste alles Zuknöpfen, ein Nachthemd mit umgeklapptem Kragen sichtbar wurde, was alles unbedingt ans Turnerische gemahnt hätte, wenn es weißer gewesen wäre. Auf dem Kopfe saß ein Käpsel, grün mit einer

schwarzen Ranke darum, und das einzige, was auf vergangene bessere Zeiten deutete, war ein wunderschönes Bambusrohr mit einem Elfenbeinknopf oben und einer unverhältnismäßig langen Metallzwinge, sodass man eigentlich einen »poignard« [Dolch] darunter vermuten musste. Was aber nicht zutraf.
Jetzt hatten wir uns und gaben uns einen Kuss auf die linke Backe. »Nun, das ist recht, dass du da bist. Was macht deine Frau? Und die Kinder?« Er wartete aber keine Antwort ab, denn solche Familienfragen, wenn es nicht gleich ans Sterben ging, interessierten ihn wenig, und so fuhr er dann fort: »Es ist das Leben eines Einsiedlers, das ich führe, ja, man könnte schon von Anachoreten sprechen, die ich mir, übrigens vielleicht mit Unrecht, als gesteigerte Einsiedler denke. Fremdwörter haben fast immer was Gesteigertes. Nun, wir reden noch davon. Ein Glück, dass du so gutes Wetter getroffen hast, das reine Hohenzollernwetter. Du schreibst ja auch so viel über die Hohenzollern und nimmst drum vielleicht an ihrem Wetter teil; es lohnt sich alles. Ich, für meine Person, halte an Napoleon fest; er war das größere Genie. Weißt du denn, dass Prinz Wilhelm – ich meine den alten, das heißt den ganz alten, der immer die Schwedter-Dragoner-Uniform trug, hellblau, mit schwarzem Kragen, und soll ein aufrichtig frommer Mann gewesen sein, denn auf die Aufrichtigkeit kommt es an – weißt du denn, dass Prinz Wilhelm immer die Büste Napoleons vor Augen hatte? Noch dazu auf seinem Schreibtisch?«
»Ja, ich weiß es, Papa; du hast mir öfter davon erzählt.«
»Öfter davon erzählt«, wiederholte er. »Ja, das wird wohl

richtig sein. Ich lerne nichts mehr dazu, habe bloß immer noch die alten Geschichten, aber eigentlich sind das die besten. Entsinnst du dich noch? Lannes und Latour d'Auvergne und Michel Ney? Ja, mein Freund Michel Ney, der kommt mir jetzt wieder öfter in den Sinn, und ich seh' ihn dann immer, wie sie ihn an die Gartenmauer stellten – in dem öden und einsamen Luxembourggarten und war gerad ein recht klatschiges Dezemberwetter – und wie dann der Offizier, der das Peloton kommandierte, noch einmal das Kriegsgerichtsurteil vorlesen wollte mit all den Prinzen- und Herzogstiteln, wie da mein Freund Ney abwehrte und unterbrach und mit seiner tiefen Stimme sagte: ›Pourquoi tous ces titres? … Michel Ney … rien de plus … et bientôt un peu de poudre.‹ Und dann fielen die Schüsse. Ja, bald bloß noch ein bisschen Staub. Eigentlich passt es auf jeden und zu jeder Stunde. Und wenn man nun gar einundsiebzig is …«

»Ach, Papa, daran musst du nicht denken.«

»Ich mag auch nicht, der Tod ist etwas Grusliges. Aber man mag wollen oder nicht, er meldet sich, er ist um einen 'rum, er ist da. Aber lassen wir den Tod. Tod ist ein schlechtes Wort, wenn man eben in ein Haus eintreten will. Und da kommt ja auch Luise, dich zu begrüßen. Sei nur recht freundlich, auch wenn sie was Dummes sagt. Und darauf kannst du dich verlassen.«

Unter diesen Worten und während mein Vater vom Flur aus, in den wir grad' eingetreten waren, treppauf stieg, um sich in seiner äußeren Erscheinung ein ganz klein wenig zu verbessern, war die eben angekündigte Luise wirklich auf mich zugekommen und erzählte mir, in übrigens durchaus verständiger Weise, dass sich der Papa schon seit zwei Tagen auf meinen Besuch gefreut habe. Natürlich, er habe ja sonst nichts; sie höre zwar immer zu, wenn er was sage, aber sie sei doch nur dumm.

»Ach, Luise reden Sie doch nicht so was. Das wird ja so schlimm nicht sein. Jeder ist klug, und jeder ist dumm. Und ich wette, Sie haben wieder einen Eierkuchen gebacken.«

»Hab' ich auch.«

»Nun sehn Sie. Was heißt da klug oder nicht klug? Papa kann froh sein, dass er Sie hat.«

»Bin ich auch«, sagte dieser, der, während wir so sprachen, in einem aus einer weit zurückliegenden Zeit stammenden und deshalb längst zu eng gewordenen Rocke von seiner Giebelstube her wieder nach unten kam. »Bin ich auch. Luise ist eine gute Person. Mitunter allerdings schrecklich; aber bei Lichte besehn, ist alles mal schrecklich, und es wäre ungerecht, wenn ich gerade von Luise den Ausnahmefall verlangen wollte.«

Luise selbst hatte sich inzwischen wieder in ihre Küche zurückgezogen, während mein Vater und ich in dem wundervoll kühlen Hausflur auf und ab schritten. Licht und Schatten spielten dabei um uns her. Die Türen standen auf und gestatteten einen Einblick in das ganze Hausgewese. Zu jeder Seite lagen zwei Räume, rechts die meines Papas, links Luisens Stube und die Küche. »Lass uns hier eintreten«, sagte mein Vater und führte mich in seine nach dem Hofe hinaus gelegene Schlafstube, drin sich außer einem sehr breiten Fenster auch noch ein ganz kleines Extrafenster befand, ein bloßes Kuckloch, das immer aufstand und vor dem ein Gardinchen im Winde wehte.

»Da seh ich wieder das Kuckloch. Und steht auch wieder auf. Erkältest du dich nicht?«
»Nein, mein Jung'. Und jedenfalls, es lässt sich nicht anders tun. Wenn ich das Fensterchen zumache, krieg' ich keine Luft. Und nachts … Gefahr is nicht … 'reinstehlen kann sich keiner; solche dünne Kerle gibt es gar nicht. Und dann hab' ich ja auch die Pistole.«
»Ist es immer noch die alte, die nicht losgeht?«
»Natürlich. Auf das Losgehn kommt es bei Pistolen auch gar nicht an. Die moralische Wirkung entscheidet dabei. Das Moralische entscheidet überhaupt.«
»Meinst du?«
»Ja, das mein' ich. Ich bin erst spät dahinter gekommen, aber besser spät als gar nicht. Und nun komm in die Vorderstube. Ich merke, Luise hat schon aufgetragen, und wenn mich meine Sinne nicht täuschen, übrigens bin ich auch ein bisschen eingeweiht, so ist es eine geschmorte Kalbsbrust. Erster Gang. Isst du so was?«
»Gewiss ess ich so was. Kalbsbrust ist ja das allerfeinste, besonders was so dicht dran sitzt.«
»Ganz mein Fall. Es ist doch merkwürdig, wie sich so alles forterbt. Ich meine jetzt nicht im Großen, da ist es am Ende nicht so merkwürdig. Aber so im Kleinen. Kalbsbrust ist doch am Ende was Kleines.«
»Ja und nein.«
»Das ist recht. Daran erkenn ich dich auch. Man kann nicht so ohne weiteres sagen, Kalbsbrust sei was Kleines. Und nun wollen wir anstoßen. Es ist noch Rotwein aus Stettin; die Stettiner manschen am besten. Was Echtes gibt es überhaupt nicht mehr. Weißt du noch den alten Flemming mit seinem echten Bordeaux? Er nannt' ihn

immer bloß Medoc; ihm so ohne weiteres einen vollfranzösischen Zunamen zu geben, so weit wollt' er doch nicht gehn. Medoc ist übrigens ein wirklicher Ort, freilich sehr klein, höchstens 1400 Einwohner ... Ja, der alte Flemming, ein vorzüglicher Herr. Ist nun auch schon zur großen Armee. Alles marschiert ab ... Na, ewig kann es nicht dauern.«

Und nun stießen wir an, und ich sah, dass es wieder die schönen Pokalgläser aus der alten Swinemünder Zeit waren. »Sind das nicht ...«

»Gewiss. Und ich freue mich, dass du sie wiedererkennst. Zwei sind nur noch davon da, aber mehr als zwei brauch ich auch nicht, denn mehr als einen Gast kann ich in dieser meiner Hütte nicht beherbergen. Und am liebsten ist es mir, wenn du kommst. Und nun krame mal aus. Was sagst du zur Weltausstellung? Die Franzosen machen so was doch immer am besten. Und dazu die Rede von dem Louis Napoleon! Er hat doch so was von dem Alten. Und hat auch darin ganz recht, dass im Leben, das heißt im Leben eines Volkes, alles untereinander zusammenhängt und übereinstimmt, und dass da, wo es die besten Generäle gibt, es auch die besten Maler gibt, oder die besten Schneider und Schuster. Und umgekehrt.«

»Ich habe wenig davon gelesen, und ich kann mich nicht recht entsinnen.«

»Immer dieselbe Geschichte«, lachte mein Vater. »Nicht gelesen. Und wenn ich nun bedenke, dass du ein Zeitungsmensch bist! Da denkt man, die hören das Gras wachsen, und jedes Mal, wenn du mich besuchst, seh ich, dass ich besser beschlagen bin als du. Überhaupt, wie's in der Welt aussieht, davon hab' ich doch immer am meisten gewusst. So war es schon, als ich noch jung war, in Ruppin und in Swinemünde. Die Swinemünder, na, das ging noch; solch flotter, fideler Schiffsreeder, der mal nach London und mal nach Kopenhagen fährt, na, der hat doch immer ein bisschen Wind weg; aber die Ruppiner Schulprofessoren ..., es hat mich mitunter geniert, wie viel besser ich alles wusste. Natürlich Horaz und die unregelmäßigen Verba ausgenommen. Da war zum Beispiel der alte Starke. Dessen Steckenpferd war Aristoteles, und was Aristoteles lange vergessen hatte, das wusste Starke. Aber das, worauf es ankommt, das wusst' er nicht. Ich lass' es mir nicht abstreiten, unsere Schule geht falsche Wege; die Menschen lernen nicht das, was sie lernen sollen. Ney ist doch interessanter als Pelopidas. Und es kommt auch noch ... Aber da bringt uns Luise die Omelette. Nimm nur die helle Hälfte, die andere Hälfte ist etwas verbrannt. Und wenn wir hier fertig sind, dann will ich dir meinen Hof zeigen und meinen Steinbruch. Und dann machen wir einen Spaziergang auf Neuenhagen zu. Bei so schönem Wetter kann ich marschieren ohne große Beschwerde.«

So ging es noch eine Weile weiter, und dann standen wir auf, um, nach seinem Programm, alles in Augenschein zu nehmen. Zuerst also den Hof. Es sah alles ziemlich kahl aus, und ich bemerkte zunächst bloß einen Sägebock mit einer Buchenholzklobe darauf, daneben Säge und Axt. Er wies darauf hin und sagte: »Du weißt, alte Passion und ersetzt mir nach wie vor die Bewegung ... Aber nun komm hierher; ... du hörst sie wohl schon.«

Und unter diesen Worten schritt er mit mir auf einen niedrigen Stall zu und schlug hier eine Klapptür auf, hinter der ich nun zwei Schweine ihre Köpfe vorstrecken sah. »Was sagst du dazu? Prächtige Kerls. Wenn sie mich hören, werden sie wie wild vor Vergnügen und können's nicht abwarten.«

»Du wirst sie wohl verwöhnen. Mama und die Schröder sagten auch immer, du verfuttertest bei den Biestern mehr, als sie nachher einbrächten.«

»Ja, die Schröder; eine gute treue Seele. Mich konnte sie nicht recht leiden, weil ich die besten Bratenstücke mitunter an Peter und Petrine gab, weißt du noch?«

Ich nickte.

»Ja, damals waren es die Katzen. Etwas muss der Mensch haben. Nun sind es *die* da; ... na, gleich, gleich; beruhigt euch nur.«

Und dabei bückte er sich und fing an, seine Lieblinge zu krauen. Er erzählte mir dann noch allerhand von der Klugheit der Tiere, deren innerer Bau übrigens, wie jetzt wissenschaftlich feststehe, dem des Menschen am nächsten komme. »Sus scrofa und Homo sapiens – es kann einem doch zu denken geben.«

Und nun nahm er mich unterm Arm und ging mit mir auf eine mitten im Hofzaun angebrachte Gittertür zu, hinter der ein schmaler Zickzackweg den Sandberg hinaufführte. Links und rechts waren tiefe Löcher gegraben, in denen Feldsteine von beträchtlicher Größe mit ihrer Oberhälfte sichtbar wurden.

»Lässt du die ausgraben, Papa?«

»Versteht sich, das ist jetzt eine Haupteinnahme von mir; ich kümmere mich dabei um nichts, ich gebe bloß die Erlaubnis, und dann kommen die Kerls und buddeln solchen Stein aus, das heißt, viele Steine und schaffen sie dann in ihren Kahn, und ich kriege mein Geld. Gott segne den Chausseebau. Dass das Geld im Boden liegt, ist doch wahr, und wenn auch weiter nichts dabei herauskommt als eine Ladung Steine.«

Dabei waren wir den Zickzackweg hinauf und traten in den schon mehrerwähnten Fichtenwald ein, der den ganzen Bergrücken, eigentlich schon ein Plateau, überdeckte. Ein Säuseln ging durch die Kronen, und ich sagte, während ich in die Höhe blickte, so vor mich hin: »Und in Poseidons Fichtenhain tritt er mit frommem Schauder ein.«

Er klopfte mich sofort zärtlich auf die Schulter, weil er heraus empfand, dass ich die zwei Zeilen bloß ihm zuliebe zitierte. »Ja, das war immer meine Lieblingsstelle. Für gewöhnlich lernten wir damals, als ich noch jeden Morgen von Schloss Nieder-Schönhausen ins Graue Kloster musste, nur ›Johann den muntern Seifensieder‹ und ›Gott grüß Euch, Alter, schmeckt das Pfeifchen‹, und Schiller war damals noch nicht halb so berühmt wie jetzt und noch nicht sozusagen unter den Heroen. Aber ›Die Kraniche des Ibykus‹ habe ich doch damals schon gelernt und ist mir auch sitzengeblieben. Es muss so was drin sein. Hast du denn auch alles behalten von früher?«

»Na, es geht. Eigentlich ist es merkwürdig, dass noch so viel sitzenbleibt.«

»Da hast du recht.«

Und nun traten wir aus dem Wald auf eine breite geradlinige Chaussee heraus, die von Ebereschenbäumen eingefasst war.

»Das ist ja eine wundervolle Chaussee für solche Gegend«, sagte ich. »Wo läuft die denn hin?«

»Die läuft, glaube ich, auf Oderberg zu; aber zunächst läuft sie hier bis Neuenhagen.«
»Neuenhagen. Du nanntest es schon vorhin. Ja, da bin ich vor Jahren auch einmal gewesen und hat mich alles ganz ungemein interessiert. Da liegt nämlich, was du vielleicht nicht weißt, Hippolyta von Uchtenhagen begraben und hat einen schönen Grabstein. Ich glaube so um 1590 herum. Damals gab man noch Geld für so was aus. Aber was mir in Neuenhagen, als ich damals hinkam, noch interessanter war, das war eine kleine Stube, darin die Schweden einen Neuenhagner Amtmann am Strohfeuer geröstet hatten. Richtiger Dreißigjähriger Krieg. Und jetzt, denke dir, jetzt schlafen die Leute darin. Ich erschrak ordentlich darüber und sagte, dass ich mir eine andere Schlafstube ausgesucht haben würde.«
Mein Papa nickte zustimmend.
»Ja, am Strohfeuer geröstet«, wiederholte ich. »Und das alles, denn sie wollten's dem Amtmann abzwacken, um des verdammten Geldes willen.«
»Ja, das verdammte Geld!«, sagte mein Vater. »Es ist schon recht und ist auch oft wirklich bloß ein verdammtes Geld. Aber es gibt auch ein gutes Geld, und ich mache mir jetzt mitunter so meine Gedanken darüber. Man soll nicht einen Amtmann rösten, um es zu kriegen; aber wenn man was hat, dann soll man's festhalten. Geld ist doch was, ist eine Macht. Und ihr habt nun alle nichts.«
»Ach, Papa, rede doch nicht davon. Du weißt ja, es ist uns ganz egal.«
»Dir vielleicht, aber nicht deiner Mama.«
»Sie hat sich nun auch darin gefunden.«

»Darin gefunden! Sieh, mein Junge, da liegt die Anklage, und die alte Frau hat auch ganz recht. Das sag' ich mir jetzt alle Tage, wenn ich da unten mit meiner Luise sitze und ihr mein Weltsystem entwickele, weil ich keinen andern habe, dem ich es vortragen kann, und wenn dann die beste Stelle kommt und ich mit einem Male sage: ›Nicht wahr, Luise?‹, sieh, dann fährt sie zusammen oder sitzt da wie ein Zaunpfahl.«

»Es wird dir schwerer als uns, Papa.«

»Wohl möglich. Und es würde mir noch schwerer, wenn ich mir nicht sagte: die Verhältnisse machen den Menschen.«

»Das sagtest du schon, wie wir noch Kinder waren. Und gewiss ist es richtig.«

»Ja, richtig ist es. Aber damals, ich kann so zu dir sprechen, denn du bist ja nun selber schon ein alter Knabe, damals sagte ich es so hin und dachte mir nicht viel dabei. Jetzt aber, wenn ich meinen alten Lieblingssatz ausspiele, tu ich's mit Überzeugung. So ganz kann es einen freilich nicht beruhigen. Aber doch beinah, doch ein bisschen.«

Ich nahm seine Hand und streichelte sie.

»Das ist recht. Ihr habt eine Tugend, ihr seid alle nicht begehrlich, nicht happig. Aber da wir nun mal dabei sind und ich nicht weiß, wie lang ich auf dieser sublunarischen Welt noch wandle, so möcht' ich doch über all diese Dinge noch ein Wort zu dir sagen. Es gibt immer noch ein paar Leute, die denken, das jeu sei schuld gewesen. Ich sage dir, das ist Unsinn. Das war nur so das zweite, die Folge. Schuld war, was eigentlich sonst das Beste ist, meine Jugend, und wenn es nicht lächerlich wäre, so möcht'

ich sagen, neben meiner Jugend meine Unschuld. Ich war wie das Lämmlein auf der Weide, das 'rumsprang, bis es die Beine brach.«
Er blieb einen Augenblick stehen, denn er litt an asthmatischen Beschwerden, und ich mahnte ihn, dass es wohl Zeit sei, umzukehren.
»Ja, lass uns umkehren; wir haben dann den Wind im Rücken, und da spricht es sich besser. Und ich habe doch noch dies und das auf dem Herzen. Ich sagte eben, meine Jugend war schuld. Und das ist auch richtig. Sieh, ich hatte noch nicht ausgelernt, da ging ich schon in den Krieg, und ich war noch nicht lange wieder da, da verlobte ich mich schon. Und an meinem dreiundzwanzigsten Geburtstag habe ich mich verheiratet und als ich vierundzwanzig wurde, da lagst du schon in der Wiege.«
»Mir ist es lieb, dass du so jung warst.«
»Ja, alles hat seine zwei Seiten, und es hat wohl auch seine Vorteile gehabt, dass ich nicht morsch und mürbe war. Aber das mit der Unerfahrenheit bleibt doch ein schlimmes Ding, und das allerschlimmste war, dass ich nichts zu tun hatte. Da konnt' ich's denn kaum abwarten, bis abends der verdammte Tisch aufgeklappt wurde.«
»Sonderbar, ich habe so vieles von dir geerbt, aber davon keine Spur. Spiel war mir immer langweilig.«
Er lachte wehmütig. »Ach, mein lieber Junge, da täuschst du dich sehr, wenn du meinst, dass wir darin voneinander abweichen. Es hat mir auch nie Vergnügen gemacht, auch nicht ein bisschen. Und ich spielte noch dazu herzlich schlecht. Aber wenn ich mich dann den ganzen Tag über gelangweilt hatte, wollt' ich am Abend wenigstens einen Wechsel verspüren, und dabei bin ich mein Geld

losgeworden und sitze nun hier einsam, und deine Mutter erschrickt vor dem Gedanken, ich könnte mich wieder bei ihr einfinden. Es sind nun beinah fünfzig Jahre, dass wir uns verlobten, und sie schrieb mir damals zärtliche Briefe; denn sie liebte mich. Und das ist nun der Ausgang. Zuneigung allein ist nicht genug zum Heiraten; heiraten ist eine Sache für vernünftige Menschen. Ich hatte noch nicht die Jahre, vernünftig zu sein.«

»Ist es dir recht, wenn ich der Mama das alles wiedererzähle?«

»Gewiss ist es mir recht, trotzdem es ihr nichts Neues ist. Denn es sind eigentlich ihre Worte. Sie hat nur die Genugtuung, dass ich sie mir zu guter Letzt zu Eigen gemacht habe. Sie hat recht gehabt in allem, in ihren Worten und in ihrem Tun.«

Er sprach noch eine Weile so weiter. Dann kamen wir an die Stelle, wo die Chaussee aus dem Walde wieder niederstieg, zunächst auf den Fluss und die Bohlenbrücke zu. Jenseits der Brücke dehnte sich dann das Bruch in seiner Sommerschönheit; diesseits aber lag als nächstes das Wohnhaus meines Vaters, aus dessen Schornstein eben ein heller Rauch in der Nachmittagssonne aufkräuselte.

»Da sind wir wieder, und Luise kocht nun wohl schon den Kaffee. Darauf versteht sie sich. ›Ist die Blume noch so klein, etwas Honig sitzt darein.‹ Oder so ähnlich. Man kann nicht alle Verse auswendig wissen. Und lobe nur den Kaffee, sonst erzählt sie mir dreißig Mal, es habe dir nicht geschmeckt. Und wenn ich Glück habe, weint sie auch noch dazu.«

Als wir ins Haus traten, war die Kaffeedecke bereits aufgelegt, und die Tassen standen schon da, dazu, faute de mieux, kleine Teebrötchen; denn Schiffmühle war keine Bäckergegend, und nur einmal des Tages kam die Semmelfrau. Dazu hatten wir schönes Quellwasser, das aus dem Sandberg kam.

Als fünf Uhr heran war, musst' ich wieder fort. »Ich begleite dich noch«, und so bracht' er mich bis über die Brücke.

»Nun lebe wohl und lass dich noch mal sehen.« Er sagte das mit bewegter Stimme; denn er hatte die Vorahnung, dass dies der Abschied sei.

»Ich komme wieder, recht bald.«

Er nahm das grüne Käpsel ab und winkte.

Und ich kam auch bald wieder.

Es war in den ersten Oktobertagen, und oben auf dem Bergrücken, da, wo wir von »Poseidons Fichtenhain« gescherzt hatten, ruht er nun aus von Lebens Lust und Müh.

Vor dem Sturm

Achtes Kapitel: Leichtes Gewölk

Akteure: Geheimrat Alexander von Ladalinski und seine Tochter Kathinka, die ihrer Tante Gräfin Amelie auf Schloss Guse zufolge gut beraten wäre, Lewin von Vitzewitz zu heiraten. Ort und Zeit: Preußen im Winter 1812/13 zur Zeit der Befreiungskriege.

Der andere Morgen war klar und sonnig und gab auch dem Arbeitszimmer des Geheimrats ein helleres Licht, als gewöhnlich in Wintertagen darin anzutreffen war. Ein Strahl fiel bis an den Korb in der Ofenecke, wo das Windspiel in seinem Zwischenzustande von Schlafen und Zittern lag. Die Pendule schlug zehn, und der Geheimrat, mit der Pünktlichkeit, die ihm eigen war, trat in das Zimmer und nahm seinen Platz vor dem Arbeitstische, auf dem auch heute wieder Zeitungen und einzelne an ihn persönlich gerichtete Schreiben unter einem Briefbeschwerer von schwarzem Marmor lagen. Daneben ein elfenbeinernes Papiermesser mit geschnitztem Schlangengriffe.

Es war ein klarer Tag, aber er hatte doch sein »leichtes Gewölk«, wenigstens in dem Gemüte des Geheimrats, der denn auch, die gewohnte Ordnung der Dinge verkehrend, heute seinen Frühbesuch bei den Goldfischchen hinausgeschoben und stattdessen sofort nach dem Zeitungsblatt gegriffen hatte. Er flog über die Spalten hin, aber sein Auge ließ unschwer erkennen, dass er nicht las, sondern nur bemüht war, die Unruhe, die ihn erfüllte, vor sich selber zu verbergen.

»Guten Morgen, Papa«, klang es wieder wie bei einem früher geschilderten Besuche in seinem Rücken, und ehe er noch sich wenden und den Gruß erwidern konnte, war Kathinka an seiner Seite. Auch sie schien befangen, und ihm scharf nach den Augen sehend, sagte sie: »Du hast mich rufen lassen, Papa?«

»Ja, Kathinka, ich bitte dich, Platz zu nehmen.«

»Nicht so. Erst musst du mich freundlicher ansehen und nicht so feierlich, als ob sich eine Staatsaktion vorbereite.«

Der Geheimrat klopfte mit der elastischen Spitze des Elfenbeinmessers auf seinen Schreibtisch und wandte sich dann, indem er seinem Sessel eine kurze Drehung gab, der Fensternische zu, in der Kathinka, den Rücken dem Lichte zu, Platz genommen hatte. Sie saß infolge davon in einem sehr wirkungsvollen Halbschatten, und der freudige Stolz über die schöne Tochter ließ den Vater auf Augenblicke das Peinliche des Momentes vergessen. Kathinka selbst war sich des Eindrucks, den sie machte, vollkommen bewusst. Sie trug ihr Haar wie gewöhnlich in den Vormittagsstunden in einem goldenen Netze, aber dies Netz hatte sich halb geöffnet, und ein Teil der kastanienbraunen Locken fiel auf den Kragen eines weiten, dominoartigen Morgenkleides. Ihre Füße, leicht übereinandergeschlagen, steckten in kleinen Saffianschuhen, und schnell die Vorteile berechnend, die der Vater aus seinem Spielen mit dem Elfenbeinmesser zog, nahm sie ihrerseits die kleine, neben den Goldfischchen liegende Netzkelle zur Hand, um damit zu spielen.

»Ich habe dich bitten lassen, Kathinka, um ein paar Fragen an dich zu richten, Fragen, die mich seit Wochen beschäftigen. Der Brief Tante Amelies hat mir dieselben aufs Neue nahegelegt, und ich würde gleich nach deiner Rückkehr mit dir gesprochen haben, wenn nicht die Unruhe der letzten Tage mich daran gehindert hätte.«
»Die gute Tante«, sagte Kathinka. »Sie denkt mehr an mein Glück als ich selbst. Ich sollte ihr dankbarer dafür sein, als ich es bin.«
»Ich wollte, du könntest es. Die Wünsche, die sie hegt, sind auch die meinen. Und ihre Erfüllung schien mir so nahe. Aber du selbst hast alles wieder in Frage gestellt. Dass ich es bekenne, zu meiner Betrübnis. Wie stehst du zu Lewin?«
»Gut.«
»Dies ›Gut‹, das eine ganze Antwort zu sein scheint, ist doch nur eine halbe.«
»Nun, so will ich dir unumwunden die ganze geben. Ich habe Lewin lieb, aber ich liebe ihn nicht. Alles an ihm ist Phantasie; er träumt mehr, als er handelt. Dies mag als ein Grund gelten. Aber bedarf es denn der Gründe? Die Tante, die sonst so klug ist, oder vielleicht weil sie es ist, vergisst ganz und gar, wie wenig das ›Warum‹ in unseren Neigungen bedeutet. Sie will mein Glück, aber sie will es auf *ihre* Art, und was mir Sache des Herzens ist, ist ihr nur Sache des Hauses. Ich fühle mich aber nicht getrieben, einer Guseschen Hof- und Hauspolitik zuliebe ein Verlöbnis einzugehen oder gar ein Bündnis zu schließen. Das sind Rheinsberger Reminiszenzen, die für Tante Amelie sehr viel, für mich sehr wenig bedeuten. Sie behandelt alles wie die Verbindung zweier regierender

Häuser; das mag schmeichelhaft sein; aber Lewin ist kein Prinz, und ich bin keine Prinzessin.«

»Du vergisst nur eins: Lewin liebt dich.«

Kathinka klopfte, während sie den linken Fuß hin und her schaukelte, mit der Netzkelle leicht auf den Rand des Bassins; der Geheimrat aber fuhr fort: »Lewin liebt dich, und es ist nicht lange, dass du diese Liebe erwidertest oder doch zu erwidern schienst. Erst die letzten Monate haben alles geändert, und du sprichst nun spöttisch von der Verbindung ›zweier regierender Häuser‹. Ich schätze den Grafen, aber ich fürchte, es war keine glückliche Stunde, die ihn in unser Haus führte. Hat sich der Graf dir gegenüber erklärt?«

»Nein.«

»Glaubst du, dass er dich liebt?«

»Ja.«

»Und du?«

Es kam Kathinka gelegen, dass das Windspiel, das sehr bald nach ihrem Eintreten seinen Korb verlassen und zur Empfangnahme von Liebkosungen und Zuckerbröckelchen sich bei ihr eingestellt hatte, inzwischen immer verdrießlicher geworden war. Es lief jetzt, weil die Bröckelchen nach wie vor ausblieben, zwischen ihr und der Etagere, in der sich die Zuckerdose befand, hin und her und begleitete die Unterhaltung durch beständiges Klingeln und Bellen. Der Geheimrat empfand dies ersichtlich als eine Störung, und Kathinka, jede seiner Mienen verfolgend, benutzte die Gelegenheit, um eine Pause zu gewinnen. Sie erhob sich deshalb von ihrem Stuhl, holte die Dose herbei, und eines der Zuckerstücke zerbeißend und zerbrechend, warf sie dem Windspiel, das sich sofort beruhigte, die Krümel zu. Dann tauchte sie den Zipfel ihres Taschentuchs in das Bassin, benetzte ihre Fingerspitzen und sagte: »Deine Frage zu beantworten, Papa, ja, ich habe den Grafen gern.«

Der Geheimrat lächelte. »Das wird dem Grafen nicht genügen, Kathinka. Wenn du glaubst, dass er dich liebt, so wirst du dir Rechenschaft geben müssen, ob du seine Neigung erwidern kannst.«

»Ich kann es.«

»Und du wirst es?«

Sie schwieg; man hörte den Pendelschlag der Uhr. Endlich sagte der Geheimrat: »Du hast mir genug gesagt, Kathinka, auch durch dein Schweigen. Ich ersehe eins daraus, eins, auf das ich Gewicht lege, dass du, statt einfach dem Zuge deines Herzens zu folgen, Rücksicht nimmst auf das, was mein Wunsch ist.«

Kathinka wollte antworten, der Geheimrat aber wiederholte: »Auf das, was mein Wunsch ist«, und fuhr dann fort: »Aber auch dieser Wunsch ist unbeugsam und unabänderlich, und ich kann ihn *deinen* Wünschen nicht unterordnen. Es verbietet sich. Höre mich. Die Tante wünscht die Partie mit Lewin; ich wünsche sie auch; aber ich bestehe nicht darauf. Worauf ich bestehe, das ist allein die Nichtheirat mit Bninski. Sie darf nicht sein, so sehr der Graf persönlich meine Sympathien hat. Die Ladalinskis sind aus Polen heraus, und sie können nicht wieder hinein. Ich habe die Brücken abgebrochen. Ob das Geschehene das allein Richtige war, ist nicht mehr zu befragen; es genügt, dass es geschehen ist.«

»Es war ein Scherz, Papa«, nahm jetzt Kathinka das Wort, »dass ich von ›Prinz und Prinzessin‹ und von einer Verbindung zweier regierender Häuser sprach. Es hat dich verdrossen, und ich bedaure es. Aber hatt' ich nicht eigentlich recht? Der Graf, wie du dich ausdrückst, hat persönlich deine Sympathien; er ist reich, angesehen, ehrenhaft, und unsere Herzen und Charaktere stimmen zueinander. Und doch ist alles umsonst, weil es, vergib mir den Ausdruck, in deine Diplomatie nicht passt. Der gütigste der Väter, immer bereit, mir jeden kleinsten Wunsch zu erfüllen, versagt mir den größten, weil es ihm seine politischen Pläne stört, weil es ihn kompromittiert.«

»Ich lasse das Wort gelten, aber in meinem Sinne. Die Furcht vor Kompromittierung ist nicht immer kleinlich und untergeordnet, sie kann auch berechtigt und Existenzfrage sein. Sie ist es für mich. Es handelt sich nicht um Einbildungen oder einen launenhaften Einfall; all dies berührt meine Ehre mehr, als du glaubst. Ein Misstrauen gegen mich hat nie geschwiegen, auch nicht nach meinem Übertritt. Von dem Augenblicke an, wo du nach Polen zurückkehrst, mit *meiner* Zustimmung und an der Seite eines Mannes, dessen preußenfeindliche Gesinnungen kein Geheimnis sind, gebe ich dem Verdachte Nahrung, in meiner jetzigen Stellung, die mich Einblick in so manches gewinnen ließ, nur ein Aufhorcher gewesen zu sein. Ich wiederhole dir, was du selber weißt, nur widerstrebend ist die Gesellschaft dem Vertrauen gefolgt, das mir der Hof entgegenbrachte, und büße ich dieses Vertrauen ein, sehe ich es auch nur erschüttert, so schwindet mir der Balken unter den Händen fort, der nach dem Schiffbruch meines Lebens mich noch trägt. Lächle, wer mag. Ich bedarf der Gunst des Königs, der

Prinzen; wird mir diese Gunst genommen, so bin ich zum zweiten Male heimatlos. Und davor erschrickt mein Herz. Nenne das politisch oder nenn es Furcht vor Kompromittierung. Was es auch sein mag, es ist Sache meines Lebens, nicht meiner Eitelkeit.«

Kathinka schritt auf den Vater zu, ihm die Stirn küssend, während sie ihren Arm um seine Schulter legte. Dann sagte sie: »Lass mich dir wiederholen, es ist noch kein Wort zwischen mir und dem Grafen gefallen. Ich glaube, dass er absichtlich eine Erklärung vermeidet, denn – um ihn auch vor dir zu verklagen – er hat wie du die Untugend, politisch zu sein. Soviel ich weiß, trägt er sich mit dem Gedanken, wieder in die polnische Armee des Kaisers einzutreten. Gerade der gegenwärtige Augenblick scheint einen solchen Schritt zu fordern. Was aber auch kommen möge, *eines* verspreche ich: dich für meine Person weder mit Wünschen noch Bitten zu beunruhigen. Ich werde schweigen, und nichts soll durch mich geschehen, das deine Stellung nach oben hin gefährden oder deine Zugehörigkeit zu diesem Lande neuen Verdächtigungen aussetzen könnte.«

Dem Geheimrat entging nicht, dass die Worte Kathinkas, trotz eines scheinbaren Eingehens auf seine Wünsche, mit besonderer Vorsicht gewählt waren. Aber er empfand gleichzeitig, dass es zu nichts führen würde, sich minder zweideutiger Zusagen versichern zu wollen. So ließ er es sich an dem halben Erfolge genügen und brach die Unterredung ab. »Es wäre mir lieb«, so schloss er, »du schriebest einige Worte an die Tante. Störe ihr ihre Pläne nicht. Auch um deinetwillen nicht. Die Tage wechseln, und wir mit ihnen. Das Wandelbarste aber sind Frauenherzen. Was dir heute nichts ist, kann dir morgen etwas sein. Brich nicht ab; ich brauche dir keine Namen zu nennen. Es gibt ja Halbheiten des Ausdrucks, eine Sprache, die du, wenn mich nicht alles täuscht, wohl zu sprechen verstehst.«

»Ich werde schreiben. Und du magst die Zeilen lesen, Papa.«

»Ich vertraue deinem Wort und deiner Klugheit. Und nun halte dich bereit. Ich habe den Wagen um zwölf bestellt. Der alte Wylich ist immer ein Pünktlichkeitspedant, doppelt bei seinen Matineen. Wir werden übrigens eine neue Zeltersche Komposition hören; Rungenhagen begleitet.«

Damit trennten sie sich.

Allerlei Glück

Aus einem Fragment gebliebenen Romanprojekt

Die regierenden Klassen

Brose und Distelmeier sind zusammen. D. klagt, dass man nicht vorwärtskäme, immer sei schon wer da, »jede Stelle ist besetzt. Und immer durch mediokre Leute, die sich aber alle wundern, dass noch wer anders auf der Welt ist. Wenn dieser andre gar andeutet; er wiss' es besser, so lachen sie. Nicht bloß die Stellen sind ihr Erbteil, sondern sie erben das Wissen und die Weisheit gleich mit. Sie sind alle gebildet, und ihre Bildung wird nur noch von ihrer Einbildung übertroffen.«

Brose lachte: »Lieber Lampert, merken Sie das jetzt erst. Das ist ja unsre regierende Klasse. Was bei andern der Nepotismus ist, ist bei uns die ›regierende Klasse‹. Alle diese Leute stammen von kleinen Beamten ab, ihr Urgroßvater war ein K. Kammerdiener oder ein Bote beim Kammergericht; der Sohn wurde Geh. Rechnungsrat, der Enkel kam bis in den Vorhof der Hölle und der letzte (jetzige) sitzt drin. Diese Leute machen alles. Das Linienblatt kuckt überall heraus. Sie tun liberal, sind aber die unreifsten Menschen von der Welt. Bourgeois. Sie kommen zur rechten Zeit auf das Gymnasium und gehen zur rechten Zeit vom Gymnasium ab, sie studieren die richtige Zeit und sind mit 28 ¼ bis 28 ¾ Assessor. Höchstens dass ihnen ein Spielraum von sechs Monaten gestattet wird. Ein Monat früher ist Anmaßung, ein Monat später ist Lodderei. Sie sind Reserve-Offizier. Sie heiraten immer ein wohlhabendes Mädchen und stellen bei Ministers die lebenden Bilder. Sie erhalten zu ganz bestimmter Zeit einen Adlerorden und zu noch bestimmterer Zeit den zweiten und dritten, sie sind immer in Sitzungen und sitzen immer am Webstuhl der Zeit. Im Vertrauen sagt ein jeder: Hören Sie, wär ich nicht musikalisch oder sammelte ich nicht Goethe-Briefe, so hielt ich es nicht aus. Alles an ihnen ist mäßig, temperiert. Was anders ist, ist lächerlich.«

»Ja, so sind sie. Aber ist das nicht ein Unglück? Alles verknöchert, gehorsam, medioker, unfrei.«

Nein, Sie haben unrecht, Lampert; sie müssen so sein. Denken Sie, wenn jeder was Apartes sein wollte. Das gäb ein Chaos. Außerdem haben sie ein kolossales Verdienst: sie sind zuverlässig. Sie leben nach einem ungeschriebenen Kodex, der gute Sitte, Treue, Loyalität und den Glauben an die besondere Mission Preußens vorschreibt. Genies kommen unter ihnen nicht vor, sollen nicht vorkommen; aber sie sind recht eigentlich die Träger des Staats, viel mehr als der Adel, der sehr zersplittert ist, und selbst mehr als die Armee. Am sonderbarsten sind die Ärzte dieser Kategorie. Sie zeichnen sich nicht aus; aber jeder aus der Oberklasse lässt sich von ihnen behandeln. Denn jeder sagt sich: »er behandelt uns alle; es ist unpreußisch, sich anders behandeln zu lassen«. Seine Behandlung des Krankheitsfalles ist vielleicht nicht genial, aber sie ist königlich preußisch, und im Ganzen genommen bezeichnet das »Königlich Preußische« den höchsten Grad irdischer Vollkommenheit. Auch in der ärztlichen Behandlung. Stirbt man, so stirbt man wenigstens »auf dem Bette der Ehre!« (…)

»Das eigentliche Mitglied der regierenden Klassen lebt um zu sitzen. Er kommt aus den Sitzungen nicht heraus. ›Ich habe heut fünf Sitzungen gehabt‹, sagt er wie ein Krieger, der auf fünf Skalpe zeigt. Aber es kommt auch was dabei heraus. Solche sechsmal sechsfach beratenen und durchgesiebten Dinge kommen der Vollkommenheit so nah, wie dies innerhalb menschlicher Schwachheit überhaupt möglich ist. Nehmen Sie die Münzberatungen. Welche Finesse liegt darin, dass man ein 50-Pfennigstück von einem 10-Pfennigstück nicht unterscheiden kann. Welche Schärfung von Sinn und Intellekt wird dadurch geboren. Die Fingerspitzen kommen von dem gerippten Rand nicht los und das Goethesche ›Gefühl ist alles‹ ist vorahnend eigens für unsere neue Kleinmünze gedichtet worden. Es gibt einige, die dies bezweifeln; aber meine Herrschaften, was ist nicht alles bezweifelt worden. An ein freies Volk, an ein Volk, dem das bestandene Abiturienten-Examen in der dritten und vierten Generation beinah angeboren wird, darf man aber Ansprüche stellen, die man an ein gewöhnliches Volk nicht stellen darf. Sehen Sie sich unsre Steuerlisten an. Die Bewohner niedrigerstehender Staaten würden verrückt darüber, hier löst es sich spielend und die Steuer selbst wird einem durch das Bewusstsein versüßt, wenigstens die Zettelbogen, die das anordnen und feststellen, verstanden zu haben.«

Irrungen, Wirrungen

Fünftes Kapitel

Akteure: Baron Botho von Rienäcker und die Näherin Lene Nimptsch, zwei jungen Leute, die ineinander verliebt sind, aber sehr verschiedenen Standes. Die Dörrs sind die Vermieter von Mutter und Tochter Nimptsch. Ort und Zeit: Berlin, 1875.

Vor dem »Schloss« mit dem grün und rot gestrichenen Turme machten Botho und Lene halt und baten Dörr in aller Förmlichkeit um Erlaubnis, noch in den Garten gehn und eine halbe Stunde darin promenieren zu dürfen. Der Abend sei so schön. Vater Dörr brummelte, dass er sein Eigentum in keinem bessren Schutz lassen könne, worauf das junge Paar unter artigen Verbeugungen Abschied nahm und auf den Garten zuschritt. Alles war schon zur Ruh', und nur Sultan, an dem sie vorbei mussten, richtete sich hoch auf und winselte so lange, bis ihn Lene gestreichelt hatte. Dann erst kroch er wieder in seine Hütte zurück.
Drinnen im Garten war alles Duft und Frische, denn den ganzen Hauptweg hinauf, zwischen den Johannis- und Stachelbeersträuchern, standen Levkojen und Reseda, deren feiner Duft sich mit dem kräftigeren der Thymianbeete mischte. Nichts regte sich in den Bäumen, und nur Leuchtkäfer schwirrten durch die Luft.
Lene hatte sich in Bothos Arm gehängt und schritt mit ihm auf das Ende des Gartens zu, wo, zwischen zwei Silberpappeln, eine Bank stand.

»Wollen wir uns setzen?«
»Nein«, sagte Lene, »nicht jetzt« und bog in einen Seitenweg ein, dessen hochstehende Himbeerbüsche fast über den Gartenzaun hinauswuchsen. »Ich gehe so gern an deinem Arm. Erzähle mir etwas. Aber etwas recht Hübsches. Oder frage.«
»Gut. Ist es dir recht, wenn ich mit den Dörrs anfange?«
»Meinetwegen.«
»Ein sonderbares Paar. Und dabei, glaub' ich, glücklich. Er muss tun, was sie will, und ist doch um vieles klüger.«
»Ja«, sagte Lene, »klüger ist er, aber auch geizig und hartherzig, und das macht ihn gefügig, weil er beständig ein schlechtes Gewissen hat. Sie sieht ihm scharf auf die Finger und leidet es nicht, wenn er jemand übervorteilen will. Und das ist es, wovor er Furcht hat und was ihn nachgiebig macht.«
»Und weiter nichts?«
»Vielleicht auch noch Liebe, so sonderbar es klingt. Das heißt Liebe von seiner Seite. Denn trotz seiner Sechsundfünfzig oder mehr ist er noch wie vernarrt in seine Frau, und bloß weil sie groß ist. Beide haben mir die wunderlichsten Geständnisse darüber gemacht. Ich bekenne dir offen, mein Geschmack wäre sie nicht.«
»Da hast du aber unrecht, Lene; sie macht eine Figur.«
»Ja«, lachte Lene, »sie macht eine Figur, aber sie hat keine. Siehst du denn gar nicht, dass ihr die Hüften eine Handbreit zu hoch sitzen? Aber so was seht ihr nicht, und ›Figur‹ und ›stattlich‹ ist immer euer drittes Wort, ohne dass sich wer drum kümmert, wo denn die Stattlichkeit eigentlich herkommt.«

So plaudernd und neckend blieb sie stehn und bückte sich, um auf einem langen und schmalen Erdbeerbeete, das sich in Front von Zaun und Hecke hinzog, nach einer Früherdbeere zu suchen. Endlich hatte sie, was sie wollte, nahm das Stängelchen eines wahren Prachtexemplars zwischen die Lippen und trat vor ihn hin und sah ihn an. Er war auch nicht säumig, pflückte die Beere von ihrem Munde fort und umarmte sie und küsste sie.

»Meine süße Lene, das hast du recht gemacht. Aber höre nur, wie Sultan blafft; er will bei dir sein; soll ich ihn losmachen?«

»Nein, wenn er hier ist, hab' ich dich nur noch halb. Und sprichst du dann gar noch von der stattlichen Frau Dörr, so hab' ich dich so gut wie gar nicht mehr.«

»Gut«, lachte Botho, »Sultan mag bleiben, wo er ist. Ich bin es zufrieden. Aber von Frau Dörr muss ich noch weiter sprechen. Ist sie wirklich so gut?«

»Ja, das ist sie, trotzdem sie sonderbare Dinge sagt, Dinge, die wie Zweideutigkeiten klingen und es auch sein mögen. Aber sie weiß nichts davon, und in ihrem Tun und Wandel ist nicht das Geringste, was an ihre Vergangenheit erinnern könnte.«

»Hat sie denn eine?«

»Ja. Wenigstens stand sie jahrelang in einem Verhältnis und ›ging mit ihm‹, wie sie sich auszudrücken pflegt. Und darüber ist wohl kein Zweifel, dass über dies Verhältnis und natürlich auch über die gute Frau Dörr selbst viel, sehr viel geredet worden ist. Und sie wird auch Anstoß über Anstoß gegeben haben. Nur sie selber hat sich in ihrer Einfalt nie Gedanken darüber gemacht und noch weniger Vorwürfe. Sie spricht davon wie von einem unbequemen Dienst, den sie getreulich und ehrlich erfüllt hat, bloß aus Pflichtgefühl. Du lachst, und es klingt auch sonderbar genug. Aber es lässt sich nicht anders sagen. Und nun lassen wir die Frau Dörr und setzen uns lieber und sehen in die Mondsichel.«

Wirklich, der Mond stand drüben über dem Elefantenhause, das in dem niederströmenden Silberlichte noch phantastischer aussah als gewöhnlich. Lene wies darauf hin, zog die Mantelkapuze fester zusammen und barg sich an seine Brust.

So vergingen ihre Minuten, schweigend und glücklich, und erst als sie sich wie von einem Traume, der sich doch nicht festhalten ließ, wieder aufrichtete, sagte sie: »Woran hast du gedacht? Aber du musst mir die Wahrheit sagen.«

»Woran ich dachte, Lene? Ja, fast schäm' ich mich, es zu sagen. ich hatte sentimentale Gedanken und dachte nach Haus hin an unsren Küchengarten in Schloss Zehden, der genauso daliegt wie dieser Dörrsche, dieselben Salatbeete mit Kirschbäumen dazwischen, und ich möchte wetten, auch ebenso viele Meisenkästen. Und auch die Spargelbeete liefen so hin. Und dazwischen ging ich mit meiner Mutter, und wenn sie guter Laune war, gab sie mir das Messer und erlaubte, dass ich ihr half. Aber weh mir, wenn ich ungeschickt war und die Spargelstange zu lang oder zu kurz abstach. Meine Mutter hatte eine rasche Hand.«

»Glaub's. Und mir ist immer, als ob ich Furcht vor ihr haben müsste.«

»Furcht? Wie das? Warum, Lene?«

Lene lachte herzlich, und doch war eine Spur von Gezwungenheit darin. »Du musst nicht gleich denken, dass ich vorhabe, mich bei der Gnädigen melden zu lassen, und darfst es nicht anders nehmen, als ob ich gesagt hätte, ich fürchte mich vor der Kaiserin. Würdest du deshalb denken, dass ich zu Hofe wollte? Nein, ängstige dich nicht; ich verklage dich nicht.«

»Nein, das tust du nicht. Dazu bist du viel zu stolz und eigentlich eine kleine Demokratin und ringst dir jedes freundliche Wort nur so von der Seele. Hab' ich recht? Aber wie's auch sei, mache dir auf gut Glück hin ein Bild von meiner Mutter. Wie sieht sie aus?«

»Genauso wie du: groß und schlank und blauäugig und blond.«

»Arme Lene« (und das Lachen war diesmal auf seiner Seite), »da hast du fehlgeschossen. Meine Mutter ist eine kleine Frau mit lebhaften schwarzen Augen und einer großen Nase.«

»Glaub' es nicht. Das ist nicht möglich.«

»Und ist doch so. Du musst nämlich bedenken, dass ich auch einen Vater habe. Aber das fällt euch nie ein. Ihr denkt immer, ihr seid die Hauptsache. Und nun sage mir noch etwas über den Charakter meiner Mutter. Aber rate besser.«

»Ich denke mir sie sehr besorgt um das Glück ihrer Kinder.«

»Getroffen ...«

»... und dass all ihre Kinder reiche, das heißt sehr reiche Partien machen. Und ich weiß auch, wen sie für dich in Bereitschaft hält.«

»Eine Unglückliche, die du ...«

»Wie du mich verkennst. Glaube mir, dass ich dich habe,

diese Stunde habe, das ist mein Glück. Was daraus wird, das kümmert mich nicht. Eines Tages bist du weggeflogen ...«
Er schüttelte den Kopf.
»Schüttle nicht den Kopf; es ist so, wie ich sage. Du liebst mich und bist mir treu, wenigstens bin ich in meiner Liebe kindisch und eitel genug, es mir einzubilden. Aber wegfliegen wirst du, das seh' ich klar und gewiss. Du wirst es müssen. Es heißt immer, die Liebe mache blind, aber sie macht auch hell und fernsichtig.«
»Ach, Lene, du weißt gar nicht, wie lieb ich dich habe.«
»Doch, ich weiß es. Und weiß auch, dass du deine Lene für was Besondres hältst und jeden Tag denkst: ›Wenn sie doch eine Gräfin wäre.‹ Damit ist es nun aber zu spät, das bring' ich nicht mehr zuwege. Du liebst mich und bist schwach. Daran ist nichts zu ändern. Alle schönen Männer sind schwach, und der Stärkre beherrscht sie ... Und der Stärkre ... Ja, wer ist dieser Stärkre? Nun, entweder ist's deine Mutter oder das Gerede der Menschen oder die Verhältnisse. Oder vielleicht alles drei ... Aber sieh nur.«
Und sie wies nach dem Zoologischen hinüber, aus dessen Baum- und Blätterdunkel eben eine Rakete zischend in die Luft fuhr und mit einem Puff in zahllose Schwärmer zerstob. Eine zweite folgte der ersten, und so ging es weiter, als ob sie sich jagen und überholen wollten, bis es mit einem Male vorbei war und die Gebüsche drüben in einem grünen und roten Lichte zu glühen anfingen. Ein paar Vögel in ihren Käfigen kreischten dazwischen, und dann fiel nach einer langen Pause die Musik wieder ein.

»Weißt du, Botho, wenn ich dich nun so nehmen und mit dir die Lästerallee drüben auf und ab schreiten könnte, so sicher wie hier zwischen den Buchsbaumrabatten, und könnte jedem sagen: ›Ja, wundert euch nur, er ist er, und ich bin ich, und er liebt mich, und ich liebe ihn‹ – ja, Botho, was glaubst du wohl, was ich dafür gäbe? Aber rate nicht, du rätst es doch nicht. Ihr kennt ja nur euch und euren Klub und euer Leben. Ach, das arme bisschen Leben.«

»Sprich nicht so, Lene.«

»Warum nicht? Man muss allem ehrlich ins Gesicht sehn und sich nichts weismachen lassen und vor allem sich selber nichts weismachen. Aber es wird kalt, und drüben ist es auch vorbei. Das ist das Schlussstück, das sie jetzt spielen. Komm, wir wollen uns drin an den Herd setzen, das Feuer wird noch nicht aus sein, und die Alte ist längst zu Bett.«

So gingen sie, während sie sich leicht an seine Schulter lehnte, den Gartensteig wieder hinauf. Im »Schloss« brannte kein Licht mehr, und nur Sultan, den Kopf aus seiner Hütte vorstreckend, sah ihnen nach. Aber er rührte sich nicht und hatte bloß mürrische Gedanken.

Theodor Fontane an Emil Schiff

zur Wiedergabe von Dialekten und zu möglichen »Fehlern« in »Irrungen, Wirrungen«

Berlin, d. 15. Februar 1888
Potsdamer Straße 134 c

Hochgeehrter Herr Doktor.
Es erschiene mir wenig artig, wenn ich auf Ihren so liebevoll eingehenden Brief nicht ein paar Worte antworten wollte. Zunächst natürlich meinen besten Dank. Und nun die Dialektfrage! Gewiss wäre es gut, wenn das alles besser klappte, und die realistische Darstellung würde neue Kraft und neue Erfolge daraus ziehn. Aber – und indem ich dies ausspreche, spreche ich aus einer vieljährigen Erfahrung – es ist sehr schwer, dies zu erreichen, und hat eine wirkliche Vertrautheit des Schriftstellers mit allen möglichen Dialekten seines Landes zur Voraussetzung. Ich griff früher, weil ich mich dieser Vertrautheit nicht rühmen darf, zu dem auch von Ihnen angeratenen Hilfsmittel und ließ durch Eingeweihte, die übrigens auch nicht immer zur Hand sind, das von mir Geschriebene ins Koloniefranzösische oder Schwäbische oder Schlesische oder Plattdeutsche transportieren. Aber ich habe dabei ganz erbärmliche Geschäfte gemacht. Alles wirkte tot oder ungeschickt, sodass ich vielfach mein Falsches wiederherstellte. Es war immer noch besser als das »Richtige«.

Kurzum, so gewiss Sie im Prinzip recht haben, tatsächlich danach zu verfahren, wird sich nur selten ermöglichen lassen. Es bleibt auch hier bei den Andeutungen der Dinge, bei der bekannten Kinderunterschrift: »Dies soll ein Baum sein.« Mit gewiss nur zu gutem Rechte sagen Sie: »Das ist kein Wienerisch«, aber mit gleichem Rechte würde ein Ortskundiger sagen (und ist gesagt): »Wenn man vom Anhaltischen Bahnhof nach dem Zoologischen fährt, kommt man bei der und der Tabagie *nicht* vorbei.« Es ist mir selber fraglich, ob man von einem Balkon der Landgrafenstraße aus den Wilmersdorfer Turm oder die Charlottenburger Kuppel sehen kann oder nicht. Der Zirkus Renz, so sagte mir meine Frau, ist um die Sommerzeit immer geschlossen. Schlangenbad ist nicht das richtige Bad für Käthes Zustände; ich habe deshalb auch Schwalbach noch eingeschoben. Kalendermacher würden gewiss leicht herausrechnen, dass in der und der Woche in dem und dem Jahre Neumond gewesen sei, mithin kein Halbmond über dem Elefantenhause gestanden haben könne. Gärtner würden sich vielleicht wundern, was ich alles im Dörrschen Garten a tempo blühen und reifen lasse; Fischzüchter, dass ich – vielleicht – Muränen und Maränen verwechselt habe; Militärs, dass ich ein Gardebataillon mit voller Musik vom Exerzierplatz kommen lasse; Jacobikirchenbeamte, dass ich den alten Jacobikirchhof für »tot« erkläre, während noch immer auf ihm begraben wird. Dies ist eine kleine Blumenlese, eine ganz kleine; denn ich bin überzeugt, dass auf jeder Seite etwas Irrtümliches zu finden ist. Und doch bin ich ehrlich bestrebt gewesen, das wirkliche Leben zu schildern. Es geht halt nit. Man muss schon zufrieden sein, wenn wenigstens der Totaleindruck der ist: »Ja, das ist Leben.«

In vorzüglicher Ergebenheit

Th. Fontane

Theodor an Emilie Fontane

Kissingen 29. Juni 89
Haus Will

Liebe Frau.

Heute habe ich, und zwar vor einer halben Stunde, in der Kur-Kolonnade gesessen, die dem eigentlichen Kurhause gegenüber liegt und wirtschaftlich vielleicht gar keinen Zusammenhang damit hat. Ich rechnete, da es doch nur sehr mäßig war, auf einen mäßigen Preis, es kostete aber 3 Mark 50, St. Julien, reiche Leute und man kann nur 'mal eine kleine Gastrolle geben. Natürlich kommen auch Arme her, aber man kann doch nicht in einer Ausspannung essen, weder von Ehren- noch von Magenpunkts wegen. Unser Zimmer recht hübsch und 1 Treppe hoch, kostet pro Tag 4 Mark, was ich vergleichsweise billig finde. Du kannst danach gleich den Hauptüberschlag machen:

Reise (4 mal 30)	120 Mark
Wohnung (4 mal 30)	120 Mark
Mittagbrot (10 mal 30)	100 Mark
Arzt, Trinkgelder, Badetaxe	100 Mark
Solbäder	50 Mark
Kleine Extras	50 Mark
	840 Mark

Es ist möglich, dass sich das Mittagbrot etwas (glaubs aber kaum) billiger stellen wird, alles andre aber ist eher zu niedrig als zu hoch gerechnet. Du darfst Dir aber dadurch die Laune nicht verderben lassen, sonst verwünsche ich den Vorschlag hierher zu gehn. Du musst durchaus, nicht bloß um unsres Vergnügens, sondern um meiner Gesundheit willen, die Absicht mitbringen, dies alles leicht nehmen zu wollen. Wenn ich eine sozialdemokratische Ader hätte, so könnte ich murren, denn wer sind die Bevorzugten, die sich hier 'rumzieren. – Bitte, bringe auch blaues Löschpapier mit, dieser Sandstreuer ist schrecklich. – Ich habe noch keine Zeitung erhalten, auch keinen Korrekturbogen.

Grüße Reisemarschall Friedel und Zöllners, wenn Du sie noch siehst.

Wie immer Dein

Alter.

Theodor an Emilie Fontane

Kissingen, 2. Juli 89
Gottfr. Will

Liebe Frau.

Um 4 singt eine Tiroler Familie, Entré 1 Mark, und diesen Kunstgenuss will ich mir gönnen, war übrigens auch schon mal im Theater, kostet aber 3 Mark, was doch zu teuer. Um 4 also Hinterlacher oder Hinterwalder, jedenfalls ist es ein Name mit einem Hintern, was auch nur in der Ordnung, denn ich habe den Haupttiroler schon heute Vormittag gesehn und bin über all seine Drallheiten orientiert. Jetzt ist es 3 Uhr 20, ich darf also nicht zu breit werden.

Dass Mete diesmal die Besorgte war – ich glaub es noch nicht ganz, denn ich entsinne mich Deines Gesichtsausdrucks und Deiner Stimmungen, als Anfang voriger Woche diese Frage auf dem Tapet war – hat mich einigermaßen beruhigt, denn ich fand es wirklich starken Tabak. Begraben wir's und warten wir ab.

Mein Tag ist nun gut eingeteilt: um 7 bin ich am Brunnen, um 8 ½ wieder zu Haus, Frühstück, gearbeitet – die Gedichte machen mir gerade jetzt viel zu schaffen und dabei kein Buch zum Nachschlagen, gegen 2 in den »Frühlingsgarten«, dem ich bis auf Weiteres treu bleiben will; dann Kaffee auf irgendeinem hochgelegenen Punkt mit Blick auf die Stadt, dann Konzert und Promenade, dann Spaziergang, dann Abendbrot, dann Tee, dann Zeitung lesen. Um 10 ½ zu Bett. Die Langeweile ist kolossal und wäre noch kolossaler, wenn ich nicht das Menschenbeobachten zu einer mir lieben, unterhaltlichen und lehrreichen Kunst ausgebildet hätte. Ja, es steckt was von Genuss drin, von einer ganz feinen Sinnlichkeit, wie sie der künstlerisch beanlagte Mensch immer hat und haben *muss*, solang er als Künstler sieht und empfindet. Die Toiletten, ihre Schönheit und Sonderbarkeit, interessieren mich gleichermaßen und am meisten die Frauengesichter, aus denen man lange schreckliche Romane herauslesen kann, schrecklich durch Schuld und schrecklich durch Sühne. Mitunter sieht auch ein Gesicht nach Buße aus, nach Reue *nie*. Nichts ist seltener als Reue; jeder ist schließlich mit seinem Tun zufrieden und würd' es, wenn es ginge, wieder so machen. Diese Beobachtungen retten mich, sonst käme ich um vor Langerweile. Nein,

dies ist nicht richtig, die Langeweile stört mich nicht, ist mir fast willkommen – ich würde nur immer tiefer drin versinken.
Man quatscht immer von der »kleinen Welt«, ich selbst an der Spitze. Und dann sieht man diesen Satz doch wieder glänzend widerlegt. In Norderney, bei meiner 2. Anwesenheit, kannte ich unter den 10 000 Menschen keinen Menschen und hier, unter den gegenwärtig versammelten 6000, auch keinen. Ich kenne doch 3 Dutzend Maler und Bildhauer, 2 Dtz. Geheimräte, ebenso viele Stabsoffiziere, Rittergutsbesitzer, Professoren und Direktoren, Juristen, Schriftsteller, Schauspieler und Zeitungsmenschen – aber keine Katze ist zu sehn.
Heute wirst Du nun Deine Ottilie los; ich beglückwünsche Dich dazu, *sie* wird aber auch froh sein. Du hast alles in einem falschen Lichte gesehn und ihr Motive unterschoben, die gar nicht da waren. Sie war nichts als eine grenzenlos verwöhnte Krabbe, die weiter verwöhnt sein wollte; sie wollte pet sein und man sollte ihr sagen: »nun, Ottilichen, nun kommen Sie mal her, wir wollen das so machen; es braucht ja nicht gleich zu glücken, aber Sie sind ein liebes, kleines Balg; kommen Sie her, Töchterchen, ich will Ihnen einen Kuss geben.« Da war sie nun furchtbar schlecht bei uns angekommen, denn so gut und rücksichtsvoll die Mädchen bei uns im Allgemeinen behandelt werden, so quietscht diese Behandlung doch von Nüchternheit und Langerweile. Sie passte nicht für uns, aber wir auch nicht für sie; die kommen, sind weichlich, verwöhnt, anspruchsvoll, eitel und ohne den Drang und Ehrgeiz der Pflichterfüllung; sie wollen einen guten Tag leben und beschäftigen sich nur mit sich, was sie in

der Ordnung finden, weil sie eine sehr hohe Meinung von sich haben. Übrigens ist dies alles bei ihren natürlichen Gaben (in denen sie den bockbeinigen Knubbelmärkern unendlich überlegen sind) nicht ohne einen gewissen Grad von Berechtigung. Wenn sie dienen wollen, gehören sie ganz in »feine Häuser«. Dazu kann ich unsres, trotz seiner Vorzüge, nicht rechnen. – Theo wird nun wohl nicht mehr kommen; er ist gewiss ganz unschuldig, aber das Ganze wirkt doch etwas theosch. Jeder hat so seine Arten von Pech und Ungeschick; ich kenne nur 2 Berühmtheiten auf diesem Gebiet: Lepel und Lucae und als Dritten mich selbst; in meinen letzten Briefen habe ich solche Geschichten neuesten Datums erzählt. Musst Du nicht noch zu Menzels? Die arme alte Noville! Ich erwarte Dich Donnerstag, übereile aber nichts und vor allem äschre Dich nicht ab; es kann auch Freitag und Sonnabend werden.

Grüße Fuz, Marthachen, Rud. Zöllner.

Wie immer Dein

Alter.

Theodor an Emilie Fontane

Bayreuth 27. Juli 89
Abends 7 ½
Gasthaus zur Post

Liebe Frau!
Es wäre hier alles ganz gut, aber die Gerüche sind fürchterlich. Wenn ich sie in ihrer Zusammensetzung erkennen könnte, möchte es gehn, aber in dem Undefinierbaren liegt etwas Schreckliches. Mir zur Seite, wenn auch 2 Etagen tiefer, ist eine Gänsehürde – diese habe ich im Verdacht, die Hauptsünderin zu sein; allgemein Sonnabendsches – es wird alles gescheuert – mischt sich ein. Der Bahnhofsportier schickte mich durch eine Duenna hier herüber und ich bin ein bisschen das Opfer einer Kleinen Leut- und Unter der Hand-Verschwörung. Jetzt habe ich es: es sind die gewaschenen Wolldecken, die meinen alten Ingrimm gegen blankets etc nur noch steigern.
Die Stadt und das Leben hier sind hochinteressant: vergorene Residenz, malerisches Drecknest und dazwischen das denkbar feinste und intelligenteste Publikum – Engländer aller Arten und Grade, sehr vornehme und daneben kolossale Karikaturen. Bierkneipen und Hotels 1. Ranges, in deren einem »zum Reichsadler« (mit einem alten malerischen Brunnen in Front) ich eben gegessen habe. Nach den Anstrengungen des heutigen Tages musste ich mir etwas gönnen und die »Gerüche« hier verlangen Balancierung, sonst werde ich krank.

Ich freue mich, dass ich hier bin, sehe aber ein, dass die ganze Geschichte doch nur für Lords und Bankiers inszeniert ist. Sodass man eigentlich nicht hinein gehört. Wer mit keinem Tonnengewölbe-Koffer ankommt, ist von vornherein unten durch. Zwei Tage wird es aber gehen. Alvari habe ich eben gesehn, viel England und Amerika um sich her. Grüße die Kissinger. Wie immer
Dein Alter.

Ich schreibe morgen nicht, es bleibt also bei diesem ersten und letzten Briefe.
Eben habe ich die letzten 3 Fremdenlisten gekauft und durchgesehen: 2/3 sind Engländer und Amerikaner; Amerikaner noch mehr als Engländer, viele aus Denver, wo die zweite Hälfte meines schlesischen Romans spielt.

Emilie an Theodor Fontane

Kissingen, d. 28. Juli. 89.

Mein lieber Theo.
Mir ist als wärest Du schon 8 Tage fort u. ich bete immer: Gott erhalte ihn mir! Eben kommt Dein Brief u. ein höchst liebenswürdiger von Lazarus, den ich beifüge u. nach dem wir doch wohl einen Abstecher nach Schönfeld machen müssen. – Was Du über Bayreuth schreibst, ist mir sehr interessant, ich meine aber Du gehörst mehr hin wie Engländer u. Amerikaner, denn es kommt doch auf das Verständnis an, u. das, selbst das Musikalische,

stelle ich bei Dir höher. Übrigens um Dein Selbstgefühl zu stärken, Du stehst gestern in der Vossin in einem Artikel über Kissingen, mit Menzel gesperrt gedruckt. Ich habe den Ausschnitt Meten zur Auffrischung geschickt. Die Chancen für München steigen; Frl. Hannchen hat eine sehr gute Adresse eines hotel garni bei einem Apotheker in der Ludwigstr. für uns ausfindig gemacht u. es wird vielleicht gut sein, wir schreiben vorher, aber das besprechen wir noch.

Ich lebe ganz solo, was mir, da Du lieber Alter mir die Freude machest, schon am Dienstag wieder zu kommen, sehr angenehm ist. So lebe ich ganz nach meinem Gefallen u. bin ich weder noch ist mir jemand lästig. Dazu kommt das Regenwetter u. gestern ein heftiges Gewitter. Ich schrieb nach Deiner Abreise diverse Briefe u. ging dann auf den Bahnhof um die Abreise der Kaiserin zu sehen. Ein günstiger Zufall führte mich in den Wartesalon I, von dessen Fenster aus ich vorzüglich die hohe Frau sowohl wie die 4 Prinzen u. den train der Begleitung sehen konnte. Sie hat eine so herzgewinnende Freundlichkeit, dass mir (u. vielen) bei ihren Abschiedsgrüßen aus dem Coupé, den kleinsten Prinzen hochhaltend, die Tränen in die Augen traten; überall rührt doch das einfach Menschliche am meisten. – Dann ging ich in unsre Wohnung zurück, aß die Reste und trank die Neige u. legte mich vergnügt, Herr meiner Zeit zu sein, zu einem langen nap aufs Sofa. Dann zog ich mich an u. ging nach dem Gewitter auf die Promenade, sah aber niemand Bekanntes, nur eine völlig veränderte, nun ganz jüdisch gewordene Gesellschaft. Der Regen trieb mich nach Hause, ich schrieb wieder, bestellte mir Tee, Bier, ein Ei, las noch

etwas von Franz Coppée u. schlief um 9 ein, bis 7 ½ heut Morgen, ging auf die Promenade, trank mein Glas, kaufte Frühstück, holte Marken u. Karten von der Post u. trank, Zeitung lesend, mit vielem Behagen meinen Kaffee. Möge es Dir ebenso gut ergehn wie mir. Und heut Nachmittag werde ich im Geist von 4 Uhr an neben Dir sitzen.
In Liebe *Deine alte Frau.*

Theodor an Emilie Fontane

Bayreuth 28. Juli 89
Sonntagabend 9 Uhr

Liebe Frau.
Ich mache mir den Spaß noch mal zu schreiben und vermute, dass diese Zeilen gleichzeitig mit den etwa vor 2 Stunden zur Post gegebenen bei Dir eintreffen werden. Denn *bis Mitternacht* ist die Post auf.
Es ist jetzt 9 und wenn ich bedenke, dass frühestens nach abermals einer Stunde »Parsifal« zu Ende ist, so weiß ich nicht, wie ich diese Äonen innerhalb des Theaters hätte erleben wollen. Die Ouvertüre habe ich gehört und im Hinausgehen noch einen glimps von der 1. Szene gehabt; dann bin ich langsam nach Hause geschlendert (ziemlich weit) und habe gelesen, dann bin ich in die Stadt gegangen und habe erst bei einem Konditor in Nähe der großen Brücke (gegenüber der Kaserne) und dann bei dem vielgenannten Sammet zum zweiten Male Kaffee getrun-

ken, weil ich doch was tun musste. Dann wieder nach Hause, wo ich zwei Briefe schrieb, den an Dich und den an das Bühnenfest-Komitee. Diese Briefe brachte ich zur Post und ging wieder eine halbe Stunde spazieren. Dann las ich, wieder zu Hause angekommen, eine ganze Stunde und habe eben auf meinem Zimmer mein Abendbrot und meinen Tee zu mir genommen und – Parsifal ist trotzdem noch lange nicht aus. Die 1500, die heute drin waren, müssen wundervoll gesund sein oder 750 davon haben nach drei Tagen – denn es regnet und ist hundekalt – Katarrh, Brechdurchfall, Magenerkältung und Rheumatismus. Der passionierte Mensch hält alles aus; ich meinerseits bin doch fast traurig, auf Reisen (und vielleicht auch sonst) immer ein Schwächling gewesen zu sein. – Graf Schwerin aus Wolfshagen, der große Franzose von der Trimburg, ist auch hier. In der Fremdenliste steht hinter Wolfshagen (das in der Uckermark liegt) Steiermark in Parenthese, was sich unglaublich komisch ausnimmt. Ich sehe ordentlich die Gemsböcke springen. – Unter den Fremden ist auch Eugen Zabel von der National Zeitung; als halber Petersburger gehört er beinah hierher. Jetzt ist es 9 Uhr 20, aber Parsifal spielt noch immer. Die Esszelte sind im Freien; es muss einige Erfrorene geben, sonst ist keine Raison mehr in der Welt.
Wie immer Dein
Alter.

Unwiederbringlich
Sechstes Kapitel

Akteure: Der lebensfrohe Graf Helmuth Holk und seine tugendstarke Frau Christine, ihre Kinder Asta und Axel sowie deren Hauslehrerin Julie von Dobschütz. Ort und Zeit: Schloss Holkenäs an der Flensburger Förde, 1859.

Die schönen Herbsttage schienen andauern zu wollen. Auch am anderen Morgen war es wieder hell und sonnig, und das gräfliche Paar nahm das Frühstück im Freien unter der Fronthalle. Julie von Dobschütz mit ihnen. Asta übte nebenan, Axel und der Hauslehrer waren in den Dünen auf Jagd, was die Michaelisferien gestatteten, von denen die Gräfin, wie von Ferien überhaupt, als Regel nicht viel wissen wollte; Ferien in der Stadt und auf Schulen, das habe Sinn, hier draußen aber, wo man in Gottes freier Natur lebe, seien sie mindestens überflüssig. Hieran hielt die Gräfin prinzipiell seit lange fest und lächelte überlegen, wenn der Graf seinen entgegengesetzten Standpunkt verteidigte; gegen die diesjährigen Michaelisferien aber hatte sie, trotz ihrer unveränderten Anschauungen, ausnahmsweise nichts einzuwenden, weil sie den Plan, beide Kinder mit Beginn des Winterkursus in Pension zu geben, noch immer nicht aufgegeben hatte. Da bedeuteten denn die paar Tage nicht viel. Der Graf seinerseits zeigte hinsichtlich der Schul- und Pensionsfrage nach wie vor die von der Gräfin immer wieder beklagte Laschheit; er war nicht eigentlich dagegen, aber er war auch nicht dafür. Jedenfalls bestritt er, dass es irgendwelche Eile damit habe, worauf dann die Gräfin mit einer gewissen Gereiztheit antwortete: das gerade könne sie nicht gelten lassen; es sei nicht bloß an der Zeit, es sei sogar höchste Zeit; Asta sei sechzehn, Axel werde fünfzehn, das seien die Jahre, wo der Charakter sich bilde, wo der Kreuzweg käme, wo sich's entscheide nach links oder rechts. »Und ob schwarze oder weiße Schafe«, warf Holk spöttisch ein und griff nach der Zeitung.

Aber gerade diese spöttische Behandlung, die der Gräfin zeigen sollte, dass sie das alles mal wieder viel zu wichtig nähme, steigerte nur ihren Ernst, und so sagte sie denn, ohne auf die Gegenwart der Dobschütz, die ohnehin eine Eingeweihte war, Rücksicht zu nehmen: »Ich bitte dich, Helmuth, verzichte doch endlich darauf, eine ernsthafte Sache ins Scherzhafte zu ziehen. Ich erheitere mich gern ...«

»Pardon, Christine, das scheint seit gestern deine Parole.«

»Ich erheitere mich gern«, wiederholte sie, »aber alles zu seiner Zeit. Ich verlange keine Zustimmung von dir, ich verlange nur eine feste Meinung, sie braucht nicht einmal begründet zu sein. Sage, dass du Herrn Strehlke für ausreichend hältst und dass dir Elisabeth Petersen lieber ist als ein ganzes Pensionat junger Damen – ich werde beides nicht glauben, aber ich werde mich unterwerfen und schweigen. Nur freilich nenne das nicht Erziehung ...«

»Ach, liebe Christine, das ist nun mal dein Steckenpferd oder eins aus der Reihe davon, und wenn du nicht als Baronesse Arne geboren wärest, so wärest du Basedow oder Pestalozzi geworden und könntest Schwarzkoppen als Seminardirektor ablösen. Oder wohl gar sein Inspizient werden. Erziehung und immer wieder Erziehung. Offen gestanden, ich für meine Person glaube nicht an die Wichtigkeit all dieser Geschichten. Erziehung! Auch da ist das Beste Vorherbestimmung, Gnade. In diesem Stück, so gut lutherisch ich sonst bin, stehe ich zu Calvin. Und falls Calvin dich verdrießt, beiläufig auch eine von deinen höheren Gesinnungskapricen, so lass mich dir einfach das alte Sprichwort sagen: ›Wie man in die Wiege gelegt wird, so wird man auch in den Sarg gelegt.‹ Erziehung tut nicht viel. Und wenn dann schon von Erziehung die Rede sein soll, so ist es die, die das Haus gibt.« Die Gräfin zuckte leis mit den Achseln, Holk aber sah darüber hin und fuhr fort: »Haus ist Vorbild, und Vorbild ist das Einzige, dem ich so was wie erziehliche Kraft zuschreibe. Vorbild und natürlich Liebe. Und ich liebe die Kinder, darin werd ich doch hoffentlich deinen Beifall finden, und sie jeden Tag zu sehen ist mir Bedürfnis.«

»Es handelt sich, Helmuth, nicht um das, wessen du bedarfst, sondern es handelt sich um das, wessen die Kinder bedürfen. Du siehst die Kinder nur beim Frühstück, wenn du ›Dagbladet‹, und beim Tee, wenn du die ›Hamburger Nachrichten‹ liest, und bist verstimmt, wenn sie sprechen oder wohl gar eine Frage an dich richten. Es ist möglich, dass dir die Nähe der Kinder ein gewisses Wohlgefühl gibt, aber es ist damit nicht viel anders als mit der Zuckerdose da, die regelmäßig rechts von dir stehen muss, wenn es dir wohl sein soll. Du bedarfst der Kinder, sagst du. Glaubst du, dass ich ihrer nicht bedarf, hier in dieser Einsamkeit und Stille, darin ich nichts habe als meine gute Dobschütz? Aber das Glück meiner Kinder gilt mir mehr als mein Behagen, und das, was die Pflicht vorschreibt, frägt nicht nach Wohlbefinden.«

Holk strich mit der Linken über das Tischtuch, während er mit der Rechten die Zuckerdose drei, vier Mal auf- und zuknipste, bis die Gräfin, die bei diesem Tone jedes Mal nervös wurde, die Dose beiseiteschob, was er ruhig geschehen ließ. Denn er begriff vollkommen, dass solche schlechte Angewohnheit schwer zu ertragen sei. Mehr noch, der ganz geringfügige Zwischenfall gab ihm seine gute Laune wieder. »Meinetwegen, Christine. Besprich es mit Schwarzkoppen und deinem Bruder und natürlich mit unserer guten Dobschütz. Und dann tut nach eurem Ermessen. Ist es doch überhaupt nutzlos, über all das eine Fehde zu führen, und ich ärgere mich nachträglich über jedes Wort, das ich dir geantwortet habe. Denn eigentlich«, und er nahm ihre Hand und küsste sie, »eigentlich ist es doch eine kleine Komödie, die du spielst, eine liebenswürdige kleine Komödie. Du willst mich, ich weiß freilich nicht recht warum, in dem Glauben erhalten, als ob ich hier auf Holkenäs etwas zu sagen hätte. Nun, Christine, du bist nicht bloß viel charaktervoller als ich, du bist auch viel klüger; aber so wenig klug bin ich doch nicht, dass ich nicht wissen sollte, wer hier Herr ist und nach wem es geht. Und wenn ich eines Morgens hier am Frühstückstisch erschiene und du sagtest mir: ›Ich habe über Nacht zwei Pakete gemacht, und das eine habe ich nach Schnepfental und das andere nach Gnadenfrei geschickt, und in dem einen Paket war Axel und in dem anderen war Asta‹, so weißt du mit jeder erdenklichen

Gewissheit, dass ich vielleicht einen Augenblick stutzen, aber gewiss nicht widersprechen oder mich wohl gar bis zu Vorwürfen steigern würde.«
Die Gräfin lächelte halb befriedigt, halb wehmütig.
»Nun sieh«, fuhr Holk fort, »du gibst mir recht, und wenn du noch einen Augenblick damit zögern wolltest, so würde ich mich zur Entscheidung an unsere Freundin Julie wenden. Nicht wahr, liebe Dobschütz, es ist eine Torheit und eigentlich ein grausames Spiel, von den Widersprüchen oder Unentschlossenheiten eines Mannes zu sprechen, dessen Unentschlossenheiten nie ein Hindernis sind, weil sie durch die Bestimmtheiten seiner besseren Hälfte zu baren Gleichgültigkeiten herabsinken. Aber da biegt ja die ›Dronning Maria‹ grad um Farö-Klint herum. Noch fünf Minuten, so ist sie heran. Ich schlage vor, dass wir bis an die Landungsbrücke gehen und die Kopenhagener Briefschaften in Empfang nehmen.«
»Nein, ich«, rief Asta, die das Wort von dem Herankommen der ›Dronning Maria‹ nebenan gehört und den Flügel, auf dem sie übte, sofort zugeklappt hatte. »Nein, ich; ich bin flinker.« Und ehe noch mit einem Ja oder Nein geantwortet werden konnte, flog sie schon die Terrasse hinunter und auf den Pier zu, dessen Endpunkt sie fast in demselben Augenblicke erreichte, wo das Schiff anlegte.

Frau Jenny Treibel oder »Wo sich Herz zum Herzen find't«

Siebentes Kapitel

Akteure: Wilibald Schmidt und sein Neffe Marcell Wedderkopp im Gespräch. Marcell liebt seine Cousine Corinna Schmidt, die ihm aber gerade mehr auf Leopold Treibel aus zu sein scheint. Ort: Berlin.

»Nun, Marcell, was gibt es? Rauchen wirst du nicht, du siehst mir viel zu bewölkt aus; aber verzeih', ich muss mir erst eine Pfeife stopfen.« Und dabei ließ er sich, den Tabakskasten vor sich herschiebend, in eine Sofaecke nieder. »So! Marcell ... Und nun nimm einen Stuhl und setz' dich und schieße los. Was gibt es?«

»Das alte Lied.«

»Corinna?«

»Ja.«

»Ja, Marcell, nimm mir's nicht übel, aber das ist ein schlechter Liebhaber, der immer väterlichen Vorspann braucht, um von der Stelle zu kommen. Du weißt, ich bin dafür. Ihr seid wie geschaffen füreinander. Sie übersieht dich und uns alle; das Schmidt'sche strebt in ihr nicht bloß der Vollendung zu, sondern, ich muss das sagen, trotzdem ich ihr Vater bin, kommt auch ganz nah' ans Ziel. Nicht jede Familie kann das ertragen. Aber das Schmidt'sche setzt sich aus solchen Ingredienzien zusammen, dass die Vollendung, von der ich spreche, nie bedrücklich wird. Und warum nicht? Weil die Selbstironie, in der wir, glaube ich, groß sind, immer wieder ein Fragezeichen hinter der Vollendung macht. Das ist recht eigentlich das, was ich das Schmidt'sche nenne. Folgst du?«

»Gewiss, Onkel. Sprich nur weiter.«

»Nun, sieh, Marcell, ihr passt ganz vorzüglich zusammen. Sie hat die genialere Natur, hat so den letzten Knips von der Sache weg, aber das gibt keineswegs das Übergewicht im Leben. Fast im Gegenteil. Die Genialen bleiben immer halbe Kinder, in Eitelkeit befangen, und verlassen sich immer auf Intuition und *bon sens* und Sentiment und wie all die französischen Worte heißen mögen. Oder wir können auch auf gut Deutsch sagen, sie verlassen sich auf ihre guten Einfälle. Damit ist es nun aber so so; manchmal wetterleuchtet es freilich eine halbe Stunde lang oder auch noch länger, gewiss, das kommt vor; aber mit einem Mal ist das Elektrische wie verblitzt, und nun bleibt nicht bloß der Esprit aus wie Röhrwasser, sondern auch der gesunde Menschenverstand. Ja, der erst recht. Und so ist es auch mit Corinna. Sie bedarf einer verständigen Leitung, d. h. sie bedarf eines Mannes von Bildung und Charakter. Das bist du, das hast du. Du hast also meinen Segen; alles andere musst du dir selber besorgen.«

»Ja, Onkel, das sagst du immer. Aber wie soll ich das anfangen? Eine lichterlohe Leidenschaft kann ich in ihr nicht entzünden. Vielleicht ist sie solcher Leidenschaft nicht einmal fähig; aber wenn auch, wie soll ein Vetter seine Cousine zur Leidenschaft anstacheln? Das kommt gar nicht vor. Die Leidenschaft ist etwas Plötzliches, und wenn man von seinem fünften Jahr an immer zusammen gespielt und sich, sagen wir, hinter den Sauerkrauttonnen eines Budikers oder in einem Torf- und Holzkeller unzählige Male stundenlang versteckt hat, immer gemeinschaftlich und immer glückselig, dass Richard oder Arthur, trotzdem sie dicht um einen herum waren, einen doch nicht finden konnten, ja, Onkel, da ist von Plötzlichkeit, dieser Vorbedingung der Leidenschaft keine Rede mehr.«

Schmidt lachte. »Das hast du gut gesagt, Marcell, eigentlich über deine Mittel. Aber es steigert nur meine Liebe zu dir. Das Schmidt'sche steckt doch auch in dir und ist nur unter dem steifen Wedderkopp'schen etwas vergraben. Und *das* kann ich dir sagen, wenn du diesen Ton Corinna gegenüber festhältst, dann bist du durch, dann hast du sie sicher.«

»Ach, Onkel, glaube doch das nicht. Du verkennst Corinna. Nach der einen Seite hin kennst du sie ganz genau, aber nach der anderen Seite hin kennst du sie gar nicht. Alles, was klug und tüchtig und, vor allem, was espritvoll an ihr ist, das siehst du mit beiden Augen, aber was äußerlich und modern an ihr ist, das siehst du nicht. Ich kann nicht sagen, dass sie jene niedrigstehende Gefallsucht hat, die jeden erobern will, er sei wer er sei; von dieser Koketterie hat sie nichts. Aber sie nimmt sich erbarmungslos *einen* aufs Korn, einen, an dessen Spezialeroberung ihr gelegen ist, und du glaubst gar nicht, mit welcher grausamen Konsequenz, mit welcher infernalen Virtuosität sie dies von ihr erwählte Opfer in ihre Fäden einzuspinnen weiß.«

»Meinst du?«

»Ja, Onkel. Heute bei Treibels hatten wir wieder ein Musterbeispiel davon. Sie saß zwischen Leopold Treibel und

einem Engländer, dessen Namen sie dir ja schon genannt hat, einen Mr. Nelson, der, wie die meisten Engländer aus guten Häusern, einen gewissen Naivitäts-Charme hatte, sonst aber herzlich wenig bedeutete. Nun hättest du Corinna sehen sollen. Sie beschäftigte sich anscheinend mit niemand anderem als diesem Sohn Albions, und es gelang ihr auch, ihn in Staunen zu setzen. Aber glaube nur ja nicht, dass ihr an dem flachsblonden Mr. Nelson im Geringsten gelegen gewesen wäre; gelegen war ihr bloß an Leopold Treibel, an den sie kein einziges Wort, oder wenigstens nicht viele, direkt richtete, und dem zu Ehren sie doch eine Art von französischem Proverbe aufführte, kleine Komödie, dramatische Szene. Und wie ich dir versichern kann, Onkel, mit vollständigstem Erfolg. Dieser unglückliche Leopold hängt schon lange an ihren Lippen und saugt das süße Gift ein, aber so wie heute habe ich ihn doch noch nicht gesehen. Er war von Kopf bis zu Fuß die helle Bewunderung, und jede Miene schien ausdrücken zu wollen: »Ach, wie langweilig ist Helene« (das ist, wie du dich vielleicht erinnerst, die Frau seines Bruders), »und wie wundervoll ist diese Corinna.«
»Nun gut, Marcell, aber das alles kann ich so schlimm nicht finden. Warum soll sie nicht ihren Nachbar zur Rechten unterhalten, um auf ihren Nachbar zur Linken einen Eindruck zu machen? Das kommt alle Tage vor, das sind so kleine Capricen, an denen die Frauennatur reich ist.«
»Du nennst es Capricen, Onkel. Ja, wenn die Dinge so lägen! Es liegt aber anders. Alles ist Berechnung: Sie will den Leopold heiraten.«
»Unsinn, Leopold ist ein Junge.«

»Nein, er ist fünfundzwanzig, gerade so alt wie Corinna selbst. Aber wenn er auch noch ein bloßer Junge wäre, Corinna hat sich's in den Kopf gesetzt und wird es durchführen.«

»Nicht möglich.«

»Doch, doch. Und nicht bloß möglich, sondern ganz gewiss. Sie hat es mir, als ich sie zur Rede stellte, selber gesagt. Sie will Leopold Treibels Frau werden, und wenn der Alte das Zeitliche segnet, was doch, wie sie mir versicherte, höchstens noch zehn Jahre dauern könne, und wenn er in seinem Zossener Wahlkreise gewählt würde, keine fünfe mehr, so will sie die Villa beziehen, und wenn ich sie recht taxiere, so wird sie zu dem grauen Kakadu noch einen Pfauhahn anschaffen.«

»Ach, Marcell, das sind Visionen.«

»Vielleicht von ihr, wer will's sagen? Aber sicherlich nicht von mir. Denn all das waren ihre eigensten Worte. Du hättest sie hören sollen, Onkel, mit welcher Suffisance sie von ›kleinen Verhältnissen‹ sprach und wie sie das dürftige Kleinleben ausmalte, für das sie nun 'mal nicht geschaffen sei; sie sei nicht für Speck und Wruken und all dergleichen, und du hättest nur hören sollen, *wie* sie das sagte, nicht bloß so drüber hin, nein, es klang geradezu was von Bitterkeit mit durch, und ich sah zu meinem Schmerz, wie veräußerlicht sie ist und wie die verdammte neue Zeit sie ganz in Banden hält.«

»Hm«, sagte Schmidt, »das gefällt mir nicht, namentlich das mit den Wruken. Das ist bloß ein dummes Vornehmtun und ist auch kulinarisch eine Torheit; denn alle Gerichte, die Friedrich Wilhelm I. liebte, so zum Beispiel Weißkohl mit Hammelfleisch oder Schlei mit Dill –

ja, lieber Marcell, was will dagegen aufkommen? Und dagegen Front zu machen, ist einfach Unverstand. Aber glaube mir, Corinna macht auch nicht Front dagegen, dazu ist sie viel zu sehr ihres Vaters Tochter, und wenn sie sich darin gefallen hat, dir von Modernität zu sprechen und dir vielleicht eine Pariser Hutnadel oder eine Sommerjacke, dran alles *chic* und wieder *chic* ist, zu beschreiben und so zu tun, als ob es in der ganzen Welt nichts gäbe, was an Wert und Schönheit damit verglichen werden könnte, so ist das alles bloß Feuerwerk, Phantasietätigkeit, *jeu d'Esprit*, und wenn es ihr morgen passt, dir einen Pfarramtskandidaten in der Jasminlaube zu beschreiben, der selig in Lottchens Armen ruht, so leistet sie das mit demselben Aplomb und mit derselben Virtuosität. Das ist, was ich das Schmidt'sche nenne. Nein, Marcell, darüber darfst du dir keine grauen Haare wachsen lassen; das ist alles nicht ernstlich gemeint …«

»Es *ist* ernstlich gemeint …«

»Und *wenn* es ernstlich gemeint ist – was ich vorläufig noch nicht glaube, denn Corinna ist eine sonderbare Person –, so nutzt ihr dieser Ernst nichts, gar nichts, und es wird *doch* nichts draus. Darauf verlass dich, Marcell. Denn zum Heiraten gehören zwei.«

»Gewiss, Onkel. Aber Leopold will womöglich noch mehr als Corinna …«

»Was gar keine Bedeutung hat. Denn lass dir sagen, und damit sprech' ich ein großes Wort gelassen aus: die Kommerzienrätin will *nicht*.«

»Bist du dessen so sicher?«

»Ganz sicher.«

»Und hast auch Zeichen dafür?«

»Zeichen und Beweise, Marcell. Und zwar Zeichen und Beweise, die du in deinem alten Onkel Wilibald Schmidt hier leibhaftig vor dir siehst …«

»Das wäre.«

»Ja, Freund, leibhaftig vor dir siehst. Denn ich habe das Glück gehabt, an mir selbst, und zwar als Objekt und Opfer, das Wesen meiner Freundin Jenny studieren zu können. Jenny Bürstenbinder, das ist ihr Vatersname, wie du vielleicht schon weißt, ist der Typus einer Bourgeoise. Sie war talentiert dafür, von Kindesbeinen an, und in jenen Zeiten, wo sie noch drüben in ihres Vaters Laden, wenn der Alte gerade nicht hinsah, von den Traubenrosinen naschte, da war sie schon gerade so wie heut' und deklamierte den ›Taucher‹ und den ›Gang nach dem Eisenhammer‹ und auch allerlei kleine Lieder, und wenn es recht was Rührendes war, so war ihr Auge schon damals immer in Tränen, und als ich eines Tages mein berühmtes Gedicht gedichtet hatte, du weißt schon, das Unglücksding, das sie seitdem immer singt und vielleicht auch heute wieder gesungen hat, da warf sie sich mir an die Brust und sagte: ›Wilibald, Einziger, das kommt von Gott.‹ Ich sagte halb verlegen etwas von meinem Gefühl und meiner Liebe, sie blieb aber dabei, es sei von Gott, und dabei schluchzte sie dermaßen, dass ich, so glücklich ich einerseits in meiner Eitelkeit war, doch auch wieder einen Schreck kriegte vor der Macht dieser Gefühle. Ja, Marcell, das war so unsere stille Verlobung, ganz still, aber doch immerhin eine Verlobung; wenigstens nahm ich's dafür und strengte mich riesig an, um so rasch wie möglich mit meinem Studium am Ende zu sein und mein Examen zu machen. Und ging auch alles vortrefflich. Als ich nun aber kam, um die Verlobung perfekt zu machen, da hielt sie mich hin; war abwechselnd vertraulich und dann wieder fremd, und während sie nach wie vor das Lied sang, *mein* Lied, liebäugelte sie mit jedem, der ins Haus kam, bis endlich Treibel erschien und dem Zauber ihrer kastanienbraunen Locken und mehr noch ihrer Sentimentalitäten erlag. Denn der Treibel von damals war noch nicht der Treibel von heut', und am andern Tag kriegte ich die Verlobungskarten. Alles in allem eine sonderbare Geschichte, daran, das glaub' ich sagen zu dürfen, andere Freundschaften gescheitert wären; aber ich bin kein Übelnehmer und Spielverderber, und in dem Liede, drin sich, wie Du weißt, ›die Herzen finden‹ – beiläufig eine himmlische Trivialität und ganz wie geschaffen für Jenny Treibel –, in dem Liede lebt unsre Freundschaft fort bis diesen Tag, ganz so, als sei nichts vorgefallen. Und am Ende, warum auch nicht? Ich persönlich bin drüber weg, und Jenny Treibel hat ein Talent, alles zu vergessen, was sie vergessen will. Es ist eine gefährliche Person und umso gefährlicher, als sie's selbst nicht recht weiß und sich aufrichtig einbildet, ein gefühlvolles Herz und vor allem ein Herz ›für das Höhere‹ zu haben. Aber sie hat nur ein Herz für das Ponderable, für alles, was ins Gewicht fällt und Zins trägt, und für viel weniger als eine halbe Million gibt sie den Leopold nicht fort, die halbe Million mag herkommen, woher sie will. Und dieser arme Leopold selbst. So viel weißt du doch, der ist nicht der Mensch des Aufbäumens oder der Eskapade nach Gretna Green. Ich sage dir, Marcell, unter Brückner tun es Treibels nicht, und Koegel ist ihnen noch lieber. Denn je mehr es nach Hof schmeckt, desto besser. Sie liberalisieren und sentimentalisieren beständig, aber das alles ist Farce; wenn es gilt Farbe zu bekennen, dann heißt es: Gold ist Trumpf und weiter nichts.«

»Ich glaube, dass du Leopold unterschätzest.«

»Ich fürchte, dass ich ihn noch überschätze. ich kenn' ihn noch aus der Untersekunda her. Weiter kam er nicht; wozu auch? Guter Mensch, Mittelgut, und als Charakter noch unter Mittel.«

»Wenn du mit Corinna sprechen könntest.«

»Nicht nötig, Marcell. Durch Dreinreden stört man nur den natürlichen Gang der Dinge. Mag übrigens alles schwanken und unsicher sein, eines steht fest: der Charakter meiner Freundin Jenny. Da ruhen die Wurzeln deiner Kraft. Und wenn Corinna sich in Tollheiten überschlägt, lass sie; den Ausgang der Sache kenn' ich. Du sollst sie haben, und du wirst sie haben, und vielleicht eher, als du denkst.«

Theodor Fontane an Georg Friedlaender

Berlin 3. Okt. 93
Potsd. Str. 134 c

Hochgeehrter Herr.
(...) In Ihrem Briefe hat mich die Schilderung einer bestimmten Situation, in der Sie sich mitunter (und in längren oder kürzeren Pausen wiederkehrend) befinden, sehr beschäftigt. Ich kann nicht sagen, »sehr erheitert« – dazu ist die Sache zu ernst. Ich empfinde genauso wie Sie, kann also sehr gut folgen, aber ich bin sanguinischer und dadurch in meinem Gemüte glücklicher beanlagt, und mit Hilfe dieser glücklichen Beanlagung bin ich verhältnismäßig leicht über unausgesetzte Kränkungen fortgekommen. Ohne Vermögen, ohne Familienanhang, ohne Schulung und Wissen, ohne robuste Gesundheit bin ich ins Leben getreten, mit nichts ausgerüstet als einem poetischen Talent und einer schlecht sitzenden Hose. (Auf dem Knie immer Beutel.) Und nun malen Sie sich aus, wie mir's dabei mit einer gewissen Naturnotwendigkeit ergangen sein muss. Ich könnte hinzusetzen mit einer gewissen preußischen Notwendigkeit, die viel schlimmer ist als die Naturnotwendigkeit. Es gab natürlich auch gute Momente, Momente des Trostes, der Hoffnung und eines sich immer stärker regenden Selbstbewusstseins, aber im Ganzen genommen darf ich sagen, dass ich nur Zurücksetzungen, Zweifeln, Achselzucken und Lächeln ausgesetzt gewesen bin. Immer, auch als ich schon etwas war, ja, auf einem ganz bestimmten Gebiete (Ballade) an

der Tête marschierte, sah ich mich beargwohnt und andre, oft wahre Jammerlappen, bevorzugt. Dass ich das alles gleichgültig hingenommen hätte, kann ich nicht sagen, ich habe darunter gelitten, aber andrerseits darf ich doch auch hinzusetzen: ich habe nicht *sehr* darunter gelitten. Und das hing, und hängt noch, damit zusammen, dass ich immer einen ganz ausgebildeten Sinn für *Tatsächlichkeiten* gehabt habe. Ich habe das Leben immer genommen, wie ich's fand, und mich ihm unterworfen. Das heißt, nach außen hin; in meinem Gemüte nicht. Sie wissen so gut wie ich oder besser als ich, dass es in unsrem guten Lande Preußen (wie übrigens in jedem andren Lande auch) etablierte Mächte gibt, denen man sich unterwirft. Diese Mächte sind verschieden: Geld, Adel, Offizier, Assessor, Professor. Selbst Lyrik (allerdings als eine Art Vaduz und Liechtenstein) kann als Macht auftreten. Von dem Kugler'schen Hause wurde vor 40 Jahren gesagt: »dort gilt nur, wer einen Band lyrischer Gedichte herausgegeben hat.« Es kommt nun darauf an, dass einen das Leben, in Gemäßheit der von einem vertretenen Spezialität, richtig einrangiert. So kam es, dass ich trotz meiner jämmerlichen Lebensgesamtstellung, doch jeden Sonntagnachmittag von 4 bis 6 richtig untergebracht war, nämlich im [literarischen Verein] Tunnel. Dort machte man einen kleinen Gott aus mir. Und das hielt mich. Ist man aber aus seiner richtigen Rubrik 'raus, so ist das Elend da. Bankiersöhne (z. B. der junge Bleichröder) sind in Offiziers- und Professorenkreisen der größten Nichtachtung ausgesetzt, Offiziere werden in Bankierkreisen wie Hungerleider behandelt, Professor Oppert, linguistische Größe ersten Ranges, der aber, wie

Ahlwardt, immer vergisst, dass Beinkleider auch Knöpfe haben, würde in Adels- und Offizierskreisen wie Gundling oder Morgenstern behandelt werden, Humboldt, als er zu ausschließlich vom Popokatepetl sprach, musste erleben, dass Louis Schneider ihm vorgezogen wurde. Jede Gesellschaftsklasse, jeder Hausstand, hat ein bestimmtes Idol. Im Ganzen aber darf man sagen, es gibt in Preußen nur 6 Idole und das Haupt-Idol, der Vitzliputzli des preußischen Kultus, ist der Leutnant, der Reserve-Offizier. Da haben Sie den Salat. Hätten Sie – seien Sie übrigens froh, dass es nicht der Fall war – in eine bocksteife Professoren- oder vor Hochmut platzende Künstlerfamilie hineingeheiratet, so würden Sie der Leutnants- und Reserve-Offizier-Bewunderung glücklich entgangen sein, aber es hätten sich Übelstände herausgestellt, die gleich bedrücklich wären. Man muss sich darin finden, dass immer wer da ist, der einem vorgezogen wird. Vielfach – namentlich in der Jugend und ehe man sich etabliert hat – ist dies kränkend; in spätren Lebensjahren aber hört es auf kränkend zu sein, weil man sich überzeugt, dass niemand, auch der Größte nicht, von dieser Kränkung ausgeschlossen bleibt. Es läuft darauf hinaus, dass immer »das Andre« besser ist. Eine Frau, die einen Schöngeist hat, sehnt sich nach einem Kürassieroffizier, und eine Frau, die einen Kürassieroffizier hat, sehnt sich nach einem Schöngeist. Ist man klug, so kommt es auf Stattlichkeit, und ist man stattlich, so kommt es auf Klugheit an. Dem Loyalitätsfatzke steht der Freiheitsapostel und dem Freiheitsfatzke der Loyalitätsapostel gegenüber. Wie man's auch einrichten mag, zur *Hälfte* kommt man immer schlecht weg. Hat man sich damit durchdrungen, dass es nicht anders sein kann, so fällt zwar nicht der momentane Ärger fort, aber man verheiratet sich nicht mit ihm. Eins der schönsten Lutherworte ist das folgende: »ja, die bösen Gedanken! Wir können nicht hindern, dass die Vögel über uns hin fliegen, aber wir können hindern, dass sie auf unsren Köpfen Nester baun.« Dies ist ein *gutes* Bild. Dafür ist es aber auch von Luther.

In den letzten Tagen habe ich mich über unsres Freundes und Gönners Victor Meyer »Wanderblätter und Skizzen« hergemacht, die den Haupttitel führen: »Aus Natur und Wissenschaft«. Ich war ganz baff. Unerlaubt unbedeutend! In jeder Beziehung gar nichts, inhaltlich null und stilistisch wieder null. Was wird der kluge Ihering (dem es gewidmet ist) dazu gesagt haben. Ich finde, dass sich ein ausgezeichneter Fachmann durch solche Publikationen doch schadet. Er darf nicht so unbedeutend vor sein Publikum treten. Und nun Schluss.

Herzlichste Grüße Ihren Damen. Wie immer Ihr

Th. Fontane

Mathilde Möhring

Akteure: Mathilde Möhring, 23 Jahre alt, ihre Mutter, Buchhalterswitwe; Hugo Großmann, Möhrings Untermieter, Mathildes Verlobter, ein wenig zupackender Jura-Kandidat, den Mathilde zum Lernen fürs Examen anhält, damit er später einen respektablen Gatten für sie abgibt. Rybinski, Hugos Freund. Ort und Zeit: Berlin, Georgenstraße nahe Friedrichstraße, Ende der 1880er Jahre.

Hugo bestand. Er hatte zwar nur das Notdürftigste gewusst, es trotzdem aber erzwungen. Dasitzend wie Hus auf dem Konzil zu Konstanz, ernst, schwärmerisch und bescheiden, halb tapfer und halb angstvoll, war es diese Haltung gewesen, die schließlich alles zum Guten geführt hatte. Seine Persönlichkeit hatte gesiegt. Einer der Herren Examinatoren nahm ihn beiseite und sagte: »Lieber Großmann, es war alles gut, ich gratuliere Ihnen.«

In einem merkwürdigen Seelenzustande, gehoben und doch auch gedrückt (gedrückt, weil er an die Zukunft dachte), kam er nach Haus und sah sich dieser Stimmung erst entrissen, als er hier Mutter und Tochter begegnete. Thilde, deren Auge leuchtete, blieb verhältnismäßig ruhig, der Gefahr aber, von der Alten geküsst zu werden, entging er nur mit genauer Not im letzten Augenblicke durch Rückzug in sein Zimmer. Mutter Möhring war das nicht recht, und weil sie wie die meisten alten Berlinerinnen das Bedürfnis der Aussprache hatte, musste nun

Thilde alles mit anhören, was der Alten auf der Seele brannte.
»Gott sei Dank, Thilde, nu kann man doch wieder ruhig schlafen und weiß auch, was aus einem wird. Denn gut is er doch eigentlich und wird eine alte Frau nich umkommen lassen.«
Hugo schrieb Briefe nach Haus und auch ein paar Zeilen an Rybinski, um ihn wissen zu lassen, dass alles gut abgelaufen.
Als er gegen sieben wieder hinüberging, fand er ein kleines Souper vor, das Thilde samt einer Flasche Rüdesheimer, mit einer aufgeklebten Rheingaulandschaft als Beweis ihrer Echtheit, aus einem benachbarten großen Restaurant herbeigeschafft hatte. Das Aufmerksame, das darin lag, und beinah mehr noch der gute Geschmack, mit dem alles arrangiert worden war, blieben nicht ohne Wirkung auf Hugo, der sich plötzlich von dem Gefühl ergriffen sah, doch vielleicht in seinem dunklen Drange das Rechte getroffen zu haben; gewiss, es waren einfache Menschen, etwas unter Stand, doch gut und ordentlich und zuverlässig, und alles andre war ja nur Schein, Plattiertheit, und er reichte über den Tisch hin Thilden die Hand, wie wenn er sagen wollte: »Wir verstehen uns.« Dann ließ er sich's schmecken, und als er den sich wiederholenden Widerstand der alten Möhring, die jedes Mal die Hand über das Glas hielt, endlich siegreich aus dem Felde geschlagen und auch ihr von dem goldgelben Wein eingeschenkt hatte, verstieg er sich bis zu einem launigen Toast, darin er die gute Möhring mit dem guten Examinator geschickt verglich und verband und beide leben ließ. Nach Tisch brachte Thilde den Kaffee, der zu

Ehren des Tages von einer Extrastärke war. »Höre, Thilde, der geht aber ins Blut. Ich kriege dann immer solch Jucken.«

»Ach, lass nur, Mutter, wenn er nur schmeckt.«

»Ja, schmecken tut er, und stark is er, oder wie Möhring immer sagte: ›Mutter, da is keine Bohne vorbeigesprungen.‹ Jott, wenn ich so an Vatern denke; was würde der woll gesagt haben.« Und nun musste sich Hugo in einen Großvaterstuhl setzen und genau berichten, wie's eigentlich gewesen wäre, ja, Thilde fragte sogar, ob er auch nicht zu sicher geantwortet hätte, sie habe mal gehört, das könnten die Herren nicht leiden. Hugo beruhigte sie hierüber, und als alles erzählt und im Vorbeigehn auch erwähnt war, dass er gleich an seine Mutter und Schwester nach Owinsk hin geschrieben habe, kam er überhaupt auf Owinsk und seine Jugend und sein elterliches Haus zu sprechen und welch forsches Leben sie da geführt hätten. Burgemeister und Apotheker und Rechtsanwälte, die lebten immer am forschesten, weil sie das meiste Geld hätten, und eigentlich sei solch kleinstädtisches Leben viel vergnüglicher als ein Leben in der großen Stadt, denn immer sei was los, und wenn sie nicht Skat spielten, so spielten sie Theater, und wenn nicht Ball wäre, so wäre Schlittenbahn, und dann bimmelte das Schellengeläut den ganzen Nachmittag, und die Schneedecken flögen, und die hübschen Frauen, denn in den kleinen Städten gäbe es immer hübsche Frauen, hätten die Hand im Muff und, wenn es sehr kalt wäre, auch die Hand von ihrem Partner dazu.

»Jott«, sagte die alte Möhring, »was heißt Partner? Wo sind denn die richtigen Männer, die dazu gehören?«

»Die sind in einem andern Schlitten.«
Hugo plauderte noch so weiter, und es gelang ihm, auch Thilden ein kleines Lächeln abzugewinnen. Die Moralia von Owinsk waren ihr umso weniger ängstlich, als sie sich überzeugt hielt, dass ihres Bräutigams Hand nie in solchem Muff gesteckt hatte. Hugo malte nur gern so was aus, weil er es hübsch fand, aber es lag nicht in ihm, solche Bilder in Taten umzusetzen. All das wusste Thilde recht gut, die denn auch, statt sich mit Eifersucht zu quälen, aus Hugos Schilderungen des Owinsker Lebens nur das heraushörte, was sie für ihre eignen Pläne brauchen konnte. Was immer in ihr festgestanden hatte, dass Hugo in eine kleine Stadt und nicht in eine große gehöre, das stand ihr jetzt fester denn je.
Hugo selbst zog sich früh zurück, es konnte kaum neun sein, denn wenn auch siegreich, es war doch ein heißer Tag gewesen. Aber er mochte noch nicht schlafen und ging auf und ab in seinem Zimmer. Alles in allem war ihm nicht sehr siegerhaft zumut. Er war nun Referendar, alles ganz gut, aber nun blieb noch der Assessor, und wenn er daran dachte, dass diese zweite Weghälfte notorisch viel, viel steiniger sei, so überkam ihn dasselbe Angstgefühl wieder, das er schon auf dem Heimwege von der Examinationsstätte bis zur Georgenstraße gehabt hatte. Mit Thilde war nicht zu spaßen; und er rechnete mit halber Gewissheit darauf, dass Thilde vielleicht morgen schon das am Neujahrstage mit ihm geführte Gespräch wiederholen und ihm zum zweiten Mal die Epistel lesen würde, vielleicht unter Wiederbewilligung einer Ferienwoche. Dann nahm das Repetieren bei Tag und das Frag-und-Antwort-Spiel bei Abend wieder seinen

Anfang, und er erschrak davor und zweifelte, dass er's überwinden werde. Vielleicht wär es besser gewesen, er wäre durchgefallen, dann wär die ganze Quälerei vorbei. Verlobt war er freilich, aber doch erst ein Vierteljahr, das wollte nicht viel sagen, und am Ende – musst es denn grade die Juristerei sein, die so gar nicht zu ihm passte, weil alles so steif und hölzern war. Rybinski lebte doch auch. Und wenn er auf der Posener Bahn fuhr (dessen entsann er sich jetzt mit Vorliebe) und an den kleinen Stationen vorüberkam, wo das Bahnhofsgebäude halb in wildem Wein lag und der Bahnhofsinspektor in seiner roten Mütze den Zug abschritt, während eine junge Frau mit einem Blondkopf neben sich halb neugierig und halb gelangweilt aus dem Fenster der kleinen Beletage sah, Gott, da war ihm schon manch liebes Mal der Gedanke gekommen: ja, warum nicht Bahnhofsinspektor? Und dieser Gedanke kam ihm wieder. Und wenn nicht Bahnhofsinspektor, warum nicht Schuppeninspizient oder Telegraphist; das bisschen Tippen muss sich doch am Ende lernen lassen, und mitunter kommt auch mal ein interessantes Telegramm, und man gewinnt Einsicht in allerlei. Diesen Betrachtungen hingegeben, wurde er ruhiger und schlief ein. Aber am andern Morgen war die alte Sorge wieder da, und er war verlegen, als ihm Thilde seinen Kaffee, den er noch immer allein nahm, in sein Zimmer brachte.

»Guten Morgen, Hugo. Sieh, wie prächtig die Sonne scheint, das ist dir zu Ehren. Und es ist auch warm draußen, du solltest spazierengehn und dich nach all den Strapazen erholen. Denn wenn einer auch noch so tapfer ist« (und sie lächelte dabei), »vor einem Examen hat doch jeder Furcht. Gehen macht wieder frisch, und bring uns ein paar Neuigkeiten mit. Ich glaube, deine ›Tochter der Luft‹ ist nicht mehr da, sonst ließe sich darüber reden, und wir könnten heut Abend vielleicht hingehn. Heute Vormittag muss ich in die Stadt. Soll ich dir etwas mitbringen? Oder hast du auf was Appetit? Mein lieber alter Mensch, du bist doch recht blass geworden.« Und dabei gab sie ihm einen Kuss mit ihren schmalen Lippen und ging dann und nickte ihm von der Tür her noch mal freundlich zu.

»Merkwürdiges Mädchen«, sagte Hugo, »so gut und so tüchtig; aber Küssen is nicht ihre Force. Nu, man kann nicht alles verlangen, und jedenfalls bin ich froh, dass sie nich gleich wieder davon angefangen hat. Es wird wohl nur eine Galgenfrist sein. Aber wie viel Tage hat denn das Leben? Und ein Tag ist schon immer was.«

Hugos Befürchtungen schienen sich nicht erfüllen zu sollen. Das Examen war Ende März gewesen, und schon war Mitte April, ohne dass Thilde von Assessor-Examen und Vorbereitung dazu gesprochen hätte. Sie ließ es gehn, war voll kleiner Aufmerksamkeiten, unter denen Stückevorlesen aus kleingedruckten Reclamschen Zweigroschen-Ausgaben obenan stand, und hatte sich nur darin geändert, dass sie minder häuslich schien als früher und jeden Vormittag ein paar Stunden in der Stadt war. Hugo selbst kümmerte sich nicht darum und auch kaum die Alte, bis diese eines Tages fragte: »Thilde, du bist jetzt immer gerade weg, wenn die Runtschen kommt und reine macht. Ich will nichts sagen, aber sie rennt immer gegen, weil sie nich sehen kann, und

schlägt alles entzwei, heute wieder die grüne Lampenglocke.«
»Ja, das is schlimm, Mutter.«
»Wo gehst du denn eigentlich immer hin, Thilde?«
»Lesehalle für Frauen.«
»Und da?«
»Da les ich Zeitungen.«
»Aber Hugo kriegt ja doch jeden Tag eine.«
»Freilich. Aber eine is nicht genug; ich brauche viele.«
»Na, wenn du meinst; für mich wär es nichts.«
Und dabei blieb es. Die Alte kam nicht wieder darauf zurück, bis eine Woche später diese halb geheimnisvolle Zeitungsleserei, auch ohne weitre Frage, ihre Erklärung fand.
Es war ein Sonntag, an welchem Tage die Lesehalle nur von elf bis eins auf war, und um eineinhalb war Thilde wieder zu Haus.
»Guten Tag, Mutter. Es riecht ein bisschen nach verbrannt. Du hast wohl nich recht nachgesehn. Na, Hugo merkt es nicht. Und wenn auch, er isst ja die verbrannten Stellen am liebsten und sagt dann bloß immer: »Da is nu alles Animalische raus.«
»Ja, ja, so was sagt er, und ich hab ihn schon immer danach fragen wollen. Aber dann dacht ich auch wieder, ›lieber nich‹.«
»Und das war auch am besten so. Nicht fragen ist immer besser. Aber bist du denn gar nich in die Küche gekommen?«
»Ja, Thilde, jetzt eben. Und da hab ich es auch gleich gemerkt und hab ein paar Kohlen rausgenommen und hab auch aufgegossen. Und geärgert hab ich mich auch, denn

es kost' ja so viel, aber ich konnte nicht eher rausgehn, weil die Schmädicke hier war.«

»Na, die hätt auch wegbleiben können. Die Schmädicke bedeutet nie was Gutes und kommt immer bloß aus Neugier oder aus Boshaftigkeit und um einem armen Menschen einen Floh ins Ohr zu setzen.«

»Ach, Thilde, da tust du ihr aber unrecht, wenigstens heute. Sie kam bloß, um uns zu gratulieren von wegen Hugos Examen, und wann denn nu Hochzeit sei.«

»Und da hast du gesagt, noch lange nich. Nich wahr? Kann ich mir denken. Denn du bist ewig in einer Todesangst und glaubst immer noch, es wird nichts werden und alles ist umsonst gewesen und alles ausgegeben. Das is immer deine Hauptangst. Und wenn du diese Angst kriegst, dann machst du dich klein und jämmerlich und auch vor solcher Person wie diese Schmädicke, diese spitznasige Posamentierswitwe.«

»Nein, Thilde, das hab ich nich gesagt, ich habe nicht gesagt ›noch lange nich‹, ich habe bloß gesagt, ich wüsste es nich, aber du tätst mitunter so, als ob es woll bald losgehen würde.«

»Und da? Was sagte sie da?«

»Nu, da sagte sie: ›Ja, liebe Frau Möhring, manche haben Courage. Referendar is nich viel und eigentlich bloß ein Anfang, aber aller Anfang is schwer, und so kann man sagen, es is immer was, und Minister wird er ja woll nich werden wollen. Oder vielleicht doch. Und Jott, wenn ich mir denn Thilden denke …‹«

»Das sagte sie?«

»Ja, Thilde, so was war es.«

»Unverschämte Person. Und dumm dazu. Diese verflossene Gimpen-Madam. Aber sie wird sich wundern, wenn wir ihr die Hochzeitsanzeige schicken.«

»Ach Thilde, rede doch nich so was. Wenn man so was redt, dann beredt man's, und es wird nie was. Und es hat doch schon so viel gekostet, und ich weiß mitunter gar nich, wo's immer noch herkommt.«

»Ja, Mutter, ich kann hexen.«

»Jott, Kind, nu redst du auch noch so. Wenn man den Deibel ruft, is er da. Und zum Spaß darfst du doch so was nich sagen in einer so ernsthaftigen Sache. Vater sagte auch immer: ›Ja, die Leute glauben, es is ein Vergnügen; aber es is kein Vergnügen, und der Hochzeitstag ist der ernsthafteste Tag, und manche, die sich nich recht trauen, sehen auch schon so aus.‹ Und nu sprichst du von Hexen und tust, als ob alles schon da wäre und als ob es zu Johanni losginge.«

»Geht es auch, Mutter.«

»Jott, Thilde, das fährt mir ja in alle Glieder. Denn du stehst ja so da, wie wenn du's alles schon in der Tasche hättest ...«

»Hab ich auch.«

Und dabei holte Thilde einen halben, zwei Mal zusammengefalteten Konzeptbogen aus der Kleidertasche, schlug ihn auseinander und sagte: »Nu lies mal, Mutter.«

»Ach, wie kann ich denn lesen, und alles mit Bleistift geschrieben, und ohne Brille.«

»Nun, dann höre zu, dann will ich lesen.«

Und Thilde las: »Qualifizierte Personen ... verstehst du, Mutter?«

»Oh, ganz gut, lies nur weiter.«

»Qualifizierte Personen, das heißt Personen, die mindes-

tens das erste Staatsexamen bestanden haben und darüber vollgültige Zeugnisse vorlegen können, werden, bei Geneigtheit, hierdurch aufgefordert, sich um die Burgemeisterstelle unsrer Stadt zu bewerben. Gehalt 3.000 Mark bei freier Wohnung und einigen andern Emolumenten. Aspiranten werden ersucht, ihre Zeugnisse einzusenden, wenn sie nicht vorziehen, sich den Unterzeichneten gleich persönlich vorzustellen.
Magistrat und Stadtverordnete zu Woldenstein in Westpreußen.«

Die Alte war an die Chaiselongue gegangen und ließ sich darauf nieder, was sie sonst immer vermied, namentlich seit das Wertstück durch Hugos fünfwöchentliche Krankheit etwas gelitten hatte. »Jott, Thilde, is es denn möglich? Du bist doch ein und aus. Von Hexen red ich nich, denn fliegt es wieder weg. Aber hat er denn die Stelle schon? Es gibt ja doch woll so viele. Und wenn er auch ein sehr schöner Mann is und den Augenaufschlag hat, dass man gleich denkt, ›nu liest er die Sonntags-Epistel‹ – ja, ich denke mir, es gibt so viele so. Und manche sind flinker wie er und schnappen's ihm weg …«
»Das lass nur gut sein, Mutter. In Flinkigkeit soll ihm diesmal keiner über sein. Er muss noch heute weg mit 'm Nachtzug. Woldenstein liegt eine Stunde von der Bahn, und ein Omnibus wird doch wohl da sein. Um fünf ist er auf der Station und um sechs in Woldenstein in Westpreußen. Ein Gasthof ›Zum braunen Ross‹ oder irgend so was wird doch wohl da sein, ich denke mir, dem Rathaus grade gegenüber, und da kann er bis zehn noch schlafen. Denn ausschlafen muss er erst, sonst is er nich

zu brauchen. Und dann frühstückt er und macht sich fein, und um Schlag zwölf tritt er an und macht seine Verbeugung. Und ich will nicht Thilde heißen, wenn sie nich gleich alle sagen: ›Natürlich, der muss es werden‹. Und der Neid von der alten Schmädicke hilft auch noch, und den Tag nach Johanni hat sie die Karte.«

Effi Briest
Elftes Kapitel

Seit Effi Briest Landrat Baron Geert von Innstetten geheiratet hat und mit ihm in Kessin lebt, empfindet sie Heimweh und Langeweile, nur nicht bei Apotheker Alonzo Gieshübler, der die illustren Gäste seines Hauses zu unterhalten versteht.

Die Fahrt verlief ganz wie geplant. Um ein Uhr hielt der Schlitten unten am Bahndamm vor dem Gasthaus »Zum Fürsten Bismarck«, und Golchowski, glücklich, den Landrat bei sich zu sehen, war beflissen, ein vorzügliches Dejeuner herzurichten. Als zuletzt das Dessert und der Ungarwein aufgetragen wurden, rief Innstetten den von Zeit zu Zeit erscheinenden und nach der Ordnung sehenden Wirt heran und bat ihn, sich mit an den Tisch zu setzen und ihnen was zu erzählen. Dazu war Golchowski denn auch der rechte Mann; auf zwei Meilen in der Runde wurde kein Ei gelegt, von dem er nicht wusste. Das zeigte sich auch heute wieder. Sidonie Grasenabb, Innstetten hatte recht vermutet, war, wie vorige Weihnachten, so auch diesmal wieder auf vier Wochen zu »Hofpredigers« gereist; Frau von Palleske, so hieß es weiter, habe ihre Jungfer wegen einer fatalen Geschichte Knall und Fall entlassen müssen, und mit dem alten Fraude steh es schlecht – es werde zwar in Kurs gesetzt, er sei bloß ausgeglitten, aber es sei ein Schlaganfall gewesen, und der Sohn, der in Lissa bei den Husaren stehe, werde

jede Stunde erwartet. Nach diesem Geplänkel war man dann, zu Ernsthafterem übergehend, auf Varzin gekommen. »Ja«, sagte Golchowski, »wenn man sich den Fürsten so als Papiermüller denkt! Es ist doch alles sehr merkwürdig; eigentlich kann er die Schreiberei nicht leiden und das bedruckte Papier erst recht nicht, und nun legt er doch selber eine Papiermühle an.«
»Schon recht, lieber Golchowski«, sagte Innstetten, »aber aus solchen Widersprüchen kommt man im Leben nicht heraus. Und da hilft auch kein Fürst und keine Größe.«
»Nein, nein, da hilft keine Größe.«
Wahrscheinlich, dass sich dies Gespräch über den Fürsten noch fortgesetzt hätte, wenn nicht in ebendiesem Augenblicke die von der Bahn her herüberklingende Signalglocke einen bald eintreffenden Zug angemeldet hätte. Innstetten sah nach der Uhr. »Welcher Zug ist das, Golchowski?«
»Das ist der Danziger Schnellzug; er hält hier nicht, aber ich gehe doch immer hinauf und zähle die Wagen, und mitunter steht auch einer am Fenster, den ich kenne. Hier, gleich hinter meinem Hofe, führt eine Treppe den Damm hinauf, Wärterhaus 417 …«
»Oh, das wollen wir uns zunutze machen«, sagte Effi. »Ich sehe so gern Züge …«
»Dann ist es die höchste Zeit, gnäd'ge Frau.«
Und so machten sich denn alle drei auf den Weg und stellten sich, als sie oben waren, in einem neben dem Wärterhaus gelegenen Gartenstreifen auf, der jetzt freilich unter Schnee lag, aber doch eine freigeschaufelte Stelle hatte. Der Bahnwärter stand schon da, die Fahne in der Hand. Und jetzt jagte der Zug über das Bahnhofsge-

leise hin und im nächsten Augenblick an dem Häuschen und an dem Gartenstreifen vorüber. Effi war so erregt, dass sie nichts sah und nur dem letzten Wagen, auf dessen Höhe ein Bremser saß, ganz wie benommen nachblickte.

»Sechs Uhr fünfzig ist er in Berlin«, sagte Innstetten, »und noch eine Stunde später, so können ihn die Hohen-Cremmer, wenn der Wind so steht, in der Ferne vorbeiklappern hören. Möchtest du mit, Effi?«

Sie sagte nichts. Als er aber zu ihr hinüberblickte, sah er, dass eine Träne in ihrem Auge stand.

Effi war, als der Zug vorbeijagte, von einer herzlichen Sehnsucht erfasst worden. So gut es ihr ging, sie fühlte sich trotzdem wie in einer fremden Welt. Wenn sie sich eben noch an dem einen oder andern entzückt hatte, so kam ihr doch gleich nachher zum Bewusstsein, was ihr fehlte. Da drüben lag Varzin, und da nach der anderen Seite hin blitzte der Kroschentiner Kirchturm auf und weithin der Morgenitzer, und da saßen die Grasenabbs und die Borckes, *nicht* die Bellings und *nicht* die Briests. »Ja, *die!*« Innstetten hatte ganz recht gehabt mit dem raschen Wechsel ihrer Stimmung, und sie sah jetzt wieder alles, was zurücklag, wie in einer Verklärung. Aber so gewiss sie voll Sehnsucht dem Zug nachgesehen, sie war doch andererseits viel zu beweglichen Gemüts, um lange dabei zu verweilen, und schon auf der Heimfahrt, als der rote Ball der niedergehenden Sonne seinen Schimmer über den Schnee ausgoss, fühlte sie sich wieder freier; alles erschien ihr schön und frisch, und als sie, nach Kessin zurückgekehrt, fast mit dem Glockenschlag sieben in den Gieshüblerschen Flur eintrat, war ihr nicht bloß be-

haglich, sondern beinah übermütig zu Sinn, wozu die das Haus durchziehende Baldrian- und Veilchenwurzelluft das ihrige beitragen mochte.
Pünktlich waren Innstetten und Frau erschienen, aber trotz dieser Pünktlichkeit immer noch hinter den anderen Geladenen zurückgeblieben; Pastor Lindequist, die alte Frau Trippel und die Trippelli selbst waren schon da. Gieshübler – im blauen Frack mit mattgoldenen Knöpfen, dazu Pincenez an einem breiten, schwarzen Bande, das wie ein Ordensband auf der blendendweißen Piquéweste lag –, Gieshübler konnte seiner Erregung nur mit Mühe Herr werden. »Darf ich die Herrschaften miteinander bekannt machen: Baron und Baronin Innstetten, Frau Pastor Trippel, Fräulein Marietta Trippelli.« Pastor Lindequist, den alle kannten, stand lächelnd beiseite.
Die Trippelli, Anfang der Dreißig, stark männlich und von ausgesprochen humoristischem Typus, hatte bis zu dem Momente der Vorstellung den Sofaehrenplatz innegehabt. Nach der Vorstellung aber sagte sie, während sie auf einen in der Nähe stehenden Stuhl mit hoher Lehne zuschritt: »Ich bitte Sie nunmehro, gnäd'ge Frau, die Bürden und Fährlichkeiten Ihres Amtes auf sich nehmen zu wollen. Denn von ›Fährlichkeiten‹« – und sie wies auf das Sofa – »wird sich in diesem Falle wohl sprechen lassen. Ich habe Gieshübler schon vor Jahr und Tag darauf aufmerksam gemacht, aber leider vergeblich; so gut er ist, so eigensinnig ist er auch.«
»Aber Marietta …«
»Dieses Sofa nämlich, dessen Geburt um wenigstens fünfzig Jahre zurückliegt, ist noch nach einem altmodischen Versenkungsprinzip gebaut, und wer sich ihm an-

vertraut, ohne vorher einen Kissenturm untergeschoben zu haben, sinkt ins Bodenlose, jedenfalls aber gerade tief genug, um die Knie wie ein Monument aufragen zu lassen.« All dies wurde seitens der Trippelli mit ebenso viel Bonhomie wie Sicherheit hingesprochen, in einem Ton, der ausdrücken sollte: »Du bist die Baronin Innstetten, ich bin die Trippelli.«

Gieshübler liebte seine Künstlerfreundin enthusiastisch und dachte hoch von ihren Talenten; aber all seine Begeisterung konnte ihn doch nicht blind gegen die Tatsache machen, dass ihr von gesellschaftlicher Feinheit nur ein bescheidenes Maß zuteil geworden war. Und diese Feinheit war gerade das, was er persönlich kultivierte.

»Liebe Marietta«, nahm er das Wort, »Sie haben eine so reizend heitere Behandlung solcher Fragen; aber was mein Sofa betrifft, so haben Sie wirklich unrecht, und jeder Sachverständige mag zwischen uns entscheiden. Selbst ein Mann wie Fürst Kotschukoff ...«

»Ach, ich bitt Sie, Gieshübler, lassen Sie doch *den*. Immer Kotschukoff. Sie werden mich bei der gnäd'gen Frau hier noch in den Verdacht bringen, als ob ich bei diesem Fürsten – der übrigens nur zu den kleineren zählt und nicht mehr als tausend Seelen hat, das heißt *hatte* (früher, wo die Rechnung noch nach Seelen ging) –, als ob ich stolz wäre, seine tausendundeinste Seele zu sein. Nein, es liegt wirklich anders; ›immer freiweg‹, Sie kennen meine Devise, Gieshübler. Kotschukoff ist ein guter Kamerad und mein Freund, aber von Kunst und ähnlichen Sachen versteht er gar nichts, von Musik gewiss nicht, wiewohl er Messen und Oratorien komponiert – die meisten russischen Fürsten, wenn sie Kunst treiben, fallen ein bisschen nach der geistlichen oder orthodoxen Seite hin –, und zu den vielen Dingen, von denen er nichts versteht, gehören auch unbedingt Einrichtungs- und Tapezierfragen. Er ist gerade vornehm genug, um sich alles als schön aufreden zu lassen, was bunt aussieht und viel Geld kostet.«

Innstetten amüsierte sich, und Pastor Lindequist war in einem allersichtlichsten Behagen. Die gute alte Trippel aber geriet über den ungenierten Ton ihrer Tochter aus einer Verlegenheit in die andere, während Gieshübler es für angezeigt hielt, eine so schwierig werdende Unterhaltung zu kupieren. Dazu waren etliche Gesangspiecen das Beste. Dass Marietta Lieder von anfechtbarem Inhalt wählen würde, war nicht anzunehmen, und selbst wenn dies sein sollte, so war ihre Vortragskunst so groß, dass der Inhalt dadurch geadelt wurde. »Liebe Marietta«, nahm er also das Wort, »ich habe unser kleines Mahl zu acht Uhr bestellt. Wir hätten also noch dreiviertel Stunden, wenn Sie nicht vielleicht vorziehen, während Tisch ein heitres Lied zu singen oder vielleicht erst, wenn wir von Tisch aufgestanden sind …«

»Ich bitte Sie, Gieshübler! Sie, der Mann der Ästhetik. Es gibt nichts Unästhetischeres als einen Gesangsvortrag mit vollem Magen. Außerdem – und ich weiß, Sie sind ein Mann der ausgesuchten Küche, ja Gourmand –, außerdem schmeckt es besser, wenn man die Sache hinter sich hat. Erst Kunst und dann Nusseis, das ist die richtige Reihenfolge.«

»Also ich darf Ihnen die Noten bringen, Marietta?«

»Noten bringen. Ja, was heißt das, Gieshübler? Wie ich Sie kenne, werden Sie ganze Schränke voll Noten haben, und ich kann Ihnen doch nicht den ganzen Bock und Bote vorspielen. Noten! *Was* für Noten, Gieshübler, darauf kommt es an. Und dann, dass es richtig liegt, Altstimme …«

»Nun, ich werde schon bringen.«

Und er machte sich an einem Schrank zu schaffen, ein Fach nach dem anderen herausziehend, während die Trippelli ihren Stuhl weiter links um den Tisch herum schob, sodass sie nun dicht neben Effi saß.

»Ich bin neugierig, was er bringen wird«, sagte sie. Effi geriet dabei in eine kleine Verlegenheit.

»Ich möchte annehmen«, antwortete sie befangen, »etwas von Gluck, etwas ausgesprochen Dramatisches … Überhaupt, mein gnädiges Fräulein, wenn ich mir die Bemerkung erlauben darf, ich bin überrascht zu hören, dass Sie lediglich Konzertsängerin sind. Ich dächte, dass Sie, wie wenige, für die Bühne berufen sein müssten. Ihre Erscheinung, Ihre Kraft, Ihr Organ … ich habe noch so wenig derart kennengelernt, immer nur auf kurzen Besuchen in Berlin … und dann war ich noch ein halbes Kind. Aber ich dächte, ›Orpheus‹ oder ›Chrimhild‹ oder die ›Vestalin‹.«

Die Trippelli wiegte den Kopf und sah in Abgründe, kam aber zu keiner Entgegnung, weil eben jetzt Gieshübler wieder erschien und ein halbes Dutzend Notenhefte vorlegte, die seine Freundin in rascher Reihenfolge durch die Hand gleiten ließ. »›Erlkönig‹ … ah, bah; ›Bächlein, lass dein Rauschen sein …‹ Aber Gieshübler, ich bitte Sie, Sie sind ein Murmeltier, Sie haben sieben Jahre lang geschlafen … Und hier Loewesche Balladen; auch nicht gerade das Neueste. ›Glocken von Speyer‹ … Ach, dies ewi-

ge Bim-Bam, das beinah einer Kulissenreißerei gleichkommt, ist geschmacklos und abgestanden. Aber hier, ›Ritter Olaf‹ … nun, das geht.«
Und sie stand auf, und während der Pastor begleitete, sang sie den »Olaf« mit großer Sicherheit und Bravour und erntete allgemeinen Beifall.
Es wurde dann noch ähnlich Romantisches gefunden, einiges aus dem »Fliegenden Holländer« und aus »Zampa«, dann der »Heideknabe«, lauter Sachen, die sie mit ebenso viel Virtuosität wie Seelenruhe vortrug, während Effi von Text und Komposition wie benommen war.
Als die Trippelli mit dem »Heideknaben« fertig war, sagte sie: »Nun ist es genug«, eine Erklärung, die so bestimmt von ihr abgegeben wurde, dass weder Gieshübler noch ein anderer den Mut hatte, mit weiteren Bitten in sie zu dringen. Am wenigsten Effi. Diese sagte nur, als Gieshüblers Freundin wieder neben ihr saß: »Dass ich Ihnen doch sagen könnte, mein gnädigstes Fräulein, wie dankbar ich Ihnen bin! Alles so schön, so sicher, so gewandt. Aber eines, wenn Sie mir verzeihen, bewundere ich fast noch mehr, das ist die Ruhe, womit Sie diese Sachen vorzutragen wissen. Ich bin so leicht Eindrücken hingegeben, und wenn ich die kleinste Gespenstergeschichte höre, so zittere ich und kann mich kaum wieder zurechtfinden. Und Sie tragen das so mächtig und erschütternd vor und sind selbst ganz heiter und guter Dinge.«
»Ja, meine gnädigste Frau, das ist in der Kunst nicht anders. Und nun gar erst auf dem Theater, vor dem ich übrigens glücklicherweise bewahrt geblieben bin. Denn so gewiss ich mich persönlich gegen seine Versuchungen

gefeit fühle – es verdirbt den Ruf, also das Beste, was man hat. Im Übrigen stumpft man ab, wie mir Kolleginnen hundertfach versichert haben. Da wird vergiftet und erstochen, und der toten Julia flüstert Romeo einen Kalauer ins Ohr oder wohl auch eine Malice, oder er drückt ihr einen kleinen Liebesbrief in die Hand.«

»Es ist mir unbegreiflich. Und um bei dem stehenzubleiben, was ich Ihnen diesen Abend verdanke, beispielsweise bei dem Gespenstischen im ›Olaf‹, ich versichere Ihnen, wenn ich einen ängstlichen Traum habe oder wenn ich glaube, über mir hörte ich ein leises Tanzen oder Musizieren, während doch niemand da ist, oder es schleicht wer an meinem Bett vorbei, so bin ich außer mir und kann es tagelang nicht vergessen.«

»Ja, meine gnädige Frau, was Sie da schildern und beschreiben, das ist auch etwas anderes, das ist ja wirklich oder kann wenigstens etwas Wirkliches sein. Ein Gespenst, das durch die Ballade geht, da graule ich mich gar nicht, aber ein Gespenst, das durch meine Stube geht, ist mir, geradeso wie andern, sehr unangenehm. Darin empfinden wir also ganz gleich.«

»Haben Sie denn dergleichen auch einmal erlebt?«

»Gewiss. Und noch dazu bei Kotschukoff. Und ich habe mir auch ausbedungen, dass ich diesmal anders schlafe, vielleicht mit der englischen Gouvernante zusammen. Das ist nämlich eine Quäkerin, und da ist man sicher.«

»Und Sie halten dergleichen für möglich?«

»Meine gnädigste Frau, wenn man so alt ist wie ich und viel rumgestoßen wurde und in Russland war und sogar auch ein halbes Jahr in Rumänien, da hält man alles für möglich. Es gibt so viel schlechte Menschen, und das andere findet sich dann auch, das gehört dann sozusagen mit dazu.«

Effi horchte auf.

»Ich bin«, fuhr die Trippelli fort, »aus einer sehr aufgeklärten Familie (bloß mit Mutter war es immer nicht so recht), und doch sagte mir mein Vater, als das mit dem Psychographen aufkam: ›Höre, Mane, das ist was.‹ Und er hat recht gehabt, es ist auch was damit. Überhaupt, man ist links und rechts umlauert, hinten und vorn. Sie werden das noch kennenlernen.«

In diesem Augenblick trat Gieshübler heran und bot Effi den Arm, Innstetten führte Marietta, dann folgten Pastor Lindequist und die verwitwete Trippel. So ging man zu Tisch.

John Maynard

John Maynard!
»Wer ist John Maynard?«
»John Maynard war unser Steuermann,
Aus hielt er, bis er das Ufer gewann,
Er hat uns gerettet, er trägt die Kron',
Er starb für uns, unsre Liebe sein Lohn.
John Maynard!«

*

Die »Schwalbe« fliegt über den Eriesee,
Gischt schäumt um den Bug wie Flocken von Schnee,
Von Detroit fliegt sie nach Buffalo –
Die Herzen aber sind frei und froh,
Und die Passagiere mit Kindern und Fraun
Im Dämmerlicht schon das Ufer schaun,
Und plaudernd an John Maynard heran
Tritt alles: »Wie weit noch, Steuermann?«
Der schaut nach vorn und schaut in die Rund':
»Noch dreißig Minuten … Halbe Stund'.«

Alle Herzen sind froh, alle Herzen sind frei –
Da klingt's aus dem Schiffsraum her wie Schrei,
»Feuer!«, war es, was da klang,
Ein Qualm aus Kajüt' und Luke drang,
Ein Qualm, dann Flammen lichterloh,
Und noch zwanzig Minuten bis Buffalo.

Und die Passagiere, buntgemengt,
Am Bugspriet stehn sie zusammengedrängt,
Am Bugspriet vorn ist noch Luft und Licht,
Am Steuer aber lagert sich's dicht,
Und ein Jammern wird laut: »Wo sind wir, wo?«
Und noch fünfzehn Minuten bis Buffalo. –

Der Zugwind wächst, doch die Qualmwolke steht,
Der Kapitän nach dem Steuer späht,
Er sieht nicht mehr seinen Steuermann,
Aber durchs Sprachrohr fragt er an:
»Noch da, John Maynard?«
»Ja, Herr. Ich bin.«
»Auf den Strand. In die Brandung.«
»Ich halte drauf hin.«
Und das Schiffsvolk jubelt: »Halt aus! Hallo!«
Und noch zehn Minuten bis Buffalo. – –

»Noch da, John Maynard?« Und Antwort schallt's
Mit ersterbender Stimme: »Ja, Herr, ich halt's!«
Und in die Brandung, was Klippe, was Stein,
Jagt er die »Schwalbe« mitten hinein;
Soll Rettung kommen, so kommt sie nur so.
Rettung: der Strand von Buffalo.

*

Das Schiff geborsten. Das Feuer verschwelt.
Gerettet alle. Nur *einer* fehlt!

*

Alle Glocken gehn; ihre Töne schwell'n
Himmelan aus Kirchen und Kapell'n,
Ein Klingen und Läuten, sonst schweigt die Stadt,
Ein Dienst nur, den sie heute hat:
Zehntausend folgen oder mehr,
Und kein Aug' im Zuge, das tränenleer.

Sie lassen den Sarg in Blumen hinab,
Mit Blumen schließen sie das Grab,
Und mit goldner Schrift in den Marmorstein
Schreibt die Stadt ihren Dankspruch ein:
»Hier ruht John Maynard. In Qualm und Brand
Hielt er das Steuer fest in der Hand,
Er hat uns gerettet, er trägt die Kron',
Er starb für *uns*, unsre Liebe sein Lohn.
John Maynard.«

Herr von Ribbeck auf Ribbeck im Havelland

Herr von Ribbeck auf Ribbeck im Havelland,
Ein Birnbaum in seinem Garten stand,
Und kam die goldene Herbsteszeit,
Und die Birnen leuchteten weit und breit,
Da stopfte, wenn's Mittag vom Turme scholl,
Der von Ribbeck sich beide Taschen voll,
Und kam in Pantinen ein Junge daher,
So rief er: »Junge, wist' ne Beer?«
Und kam ein Mädel, so rief er: »Lütt Dirn,
Kumm man röwer, ick hebb' ne Birn.«

So ging es viel Jahre, bis lobesam
Der von Ribbeck auf Ribbeck zu sterben kam.
Er fühlte sein Ende. 's war Herbsteszeit,
Wieder lachten die Birnen weit und breit,
Da sagte von Ribbeck: »Ich scheide nun ab.
Legt mir eine Birne mit ins Grab.«
Und drei Tage drauf, aus dem Doppeldachhaus,
Trugen von Ribbeck sie hinaus,
Alle Bauern und Büdner, mit Feiergesicht
Sangen »Jesus meine Zuversicht«,
Und die Kinder klagten, das Herze schwer,
»He is dod nu. Wer giwt uns nu 'ne Beer?«

So klagten die Kinder. Das war nicht recht,
Ach, sie kannten den alten Ribbeck schlecht,
Der *neue* freilich, der knausert und spart,
Hält Park und Birnbaum strenge verwahrt,
Aber der *alte*, vorahnend schon
Und voll Misstraun gegen den eigenen Sohn,
Der wusste genau, was damals er tat,
Als um eine Birn' ins Grab er bat,
Und im dritten Jahr, aus dem stillen Haus
Ein Birnbaumsprössling sprosst heraus.

Und die Jahre gehen wohl auf und ab,
Längst wölbt sich ein Birnbaum über dem Grab,
Und in der goldenen Herbsteszeit
Leuchtet's wieder weit und breit.
Und kommt ein Jung' über'n Kirchhof her,
So flüstert's im Baume: »Wiste ne Beer?«
Und kommt ein Mädel, so flüstert's: »Lütt Dirn,
Kumm man röwer, ick gew' di 'ne Birn.«

So spendet Segen noch immer die Hand
Des von Ribbeck auf Ribbeck im Havelland.

Luren-Konzert

In Kopenhagen, groß und gesperrt,
Am Saal-Eingange stand: *Luren-Konzert*.

Und an meinen Gastfreund jener Tage
Richte voll Neugier ich die Frage:
»Sage, was meint das? Bis Fausts Lemuren
Reicht es gerade. Doch was sind Luren?«

»Luren, in Tagen der Goten und Geten,
Hießen unsre Nordlands-Trompeten,
Hörner waren's, von sieben Fuß Länge,
Schlachtruf waren ihre Klänge,
Die Luren, lange vor Gorm dem Alten,
Übers Moor und über die Heide schallten …

Wo der Steindamm sich hinzieht, stieben die Funken,
In den Sumpf ist Ross und Tross versunken,
Und versunken unter die Binsen und Gräser
Waren zuletzt auch die Lurenbläser.
Da lagen sie. Bis zu zweitausend Jahren
Sind Nebel und Wind drüber hingefahren,
Eines Tages aber grub man, und Schwert und Knauf
Und die Luren auch stiegen wieder herauf,
Herauf aus dem Moorgrund unterm Rasen,
Und auf diesen Luren wird heute geblasen.«

Ein tret' ich. Im Saal, an Estrad' und Wand,
Sitzen schöne Frauen, die Fächer in Hand;
Luftig die Kleider, kokett die Hüte,
Vorn an der Brust eine Heidekrautblüte,
So sitzen sie da; Lorgnon und Gläser
Richten sich auf die Lurenbläser.

Das sind ihrer drei. Blond-nordisch ihr Haar,
Keiner über dreißig Jahr,
An die Brüstung jetzt sind sie herangetreten,
Hoch heben sie langsam ihre Trompeten,
Und die Luren, so lang' in Tod gebunden,
Haben aufs Neue Leben gefunden.

Es fallen die Schwerter, es klappen die Schilde,
Walküren jagen, es jagt Brunhilde,
Von der Toten hochaufgetürmtem Wall
Aufwärts geht es nach Walhall.

Und nun verklingt es; die Köpfe geneigt,
Lauscht noch alles, als alles schon schweigt.
Draußen am Eingang, groß und gesperrt,
Las ich noch einmal: *Luren-Konzert*.

Was ich wollte, was ich wurde

Was ich mal *wollte*, was ich dann wurde,
Manchmal grenzt es ans Absurde.
Sprachen sprechen, tutti quanti,
Wollt' ich à la Mezzofanti,
Reisen zum Chan, zu zwei'n oder solo,
Wollt' ich mindestens wie Marco Polo.
Dazu dichten im Stile Dantes,
Prosa schreiben wie Cervantes.
Und gemäß dem Schillerschen »Blonden«
Mein Aug' erheben zu Kunigonden.
In Dichtung, in Liebe, wie die meisten,
Wünscht' ich Erhebliches zu leisten.

All das wollt' ich. Aber zur Zeit,
Ach, wie bin ich davon so weit!
Leben zwingt uns die Segel zu reffen,
Sechse treffen, sieben äffen.
Sprachen? An »comment vous portez-vous«
Reiht sich schüchtern »how do you do«.
Reisen? Ach, zwischen Treptow und Stralau
Fährt mein Kahn. Den Rest tut Kalau.
Aus den erträumten Orgelakkorden
Ist ein Tipptipp am Spinett geworden.
Im günstigsten Fall ein Klimperstück –
Und dabei spricht man noch von Glück!

Was mir gefällt

Du fragst: ob mir in dieser Welt
Überhaupt noch was gefällt?
Du fragst es und lächelst spöttisch dabei.

»Lieber Freund, mir gefällt noch allerlei:
Jedes Frühjahr das erste Tiergartengrün,
Oder wenn in Werder die Kirschen blühn,
Zu Pfingsten Kalmus und Birkenreiser,
Der alte Moltke, der alte Kaiser,
Und dann zu Pferd, eine Stunde später,
Mit dem gelben Streifen der ›Halberstädter‹;
Kuckucksrufen, im Wald ein Reh,
Ein Spaziergang durch die Läster-Allee,
Paraden, der Schapersche Goethekopf
Und ein Backfisch mit einem Mozartzopf.«

Ja, das möcht ich noch erleben

Eigentlich ist mir alles gleich,
Der eine wird arm, der andre wird reich,
Aber mit Bismarck – was wird das noch geben?
Das mit Bismarck, das möcht' ich noch erleben.

Eigentlich ist alles soso,
Heute traurig, morgen froh,
Frühling, Sommer, Herbst und Winter,
Ach, es ist nicht viel dahinter.

Aber mein Enkel, so viel ist richtig,
Wird mit nächstem vorschulpflichtig,
Und in etwa vierzehn Tagen
Wird er eine Mappe tragen,
Löschblätter will ich ins Heft ihm kleben –
Ja, das möcht' ich noch erleben.

Eigentlich ist alles nichts,
Heute hält's, und morgen bricht's,
Hin stirbt alles, ganz geringe
Wird der Wert der ird'schen Dinge;
Doch wie tief herabgestimmt
Auch das Wünschen Abschied nimmt,
Immer klingt es noch daneben:
Ja, das möcht' ich noch erleben.

Die Poggenpuhls

Erstes Kapitel

Die Poggenpuhls – eine Frau Majorin von Poggenpuhl mit ihren drei Töchtern Therese, Sophie und Manon – wohnten seit ihrer vor sieben Jahren erfolgten Übersiedelung von Pommersch-Stargard nach Berlin in einem gerade um jene Zeit fertig gewordenen, also noch ziemlich mauerfeuchten Neubau der Großgörschenstraße, einem Eckhause, das einem braven und behäbigen Manne, dem ehemaligen Maurerpolier, jetzigen Rentier August Nottebohm gehörte. Diese Großgörschenstraßen-Wohnung war seitens der Poggenpuhlschen Familie nicht zum wenigsten um des kriegsgeschichtlichen Namens der Straße, zugleich aber auch um der sogenannten »wundervollen Aussicht« willen gewählt worden, die von den Vorderfenstern aus auf die Grabdenkmäler und Erdbegräbnisse des Matthäikirchhofs, von den Hinterfenstern aus auf einige zur Kulmstraße gehörige Rückfronten ging, an deren einer man, in abwechselnd roten und blauen Riesenbuchstaben, die Worte »Schulzes Bonbonfabrik« lesen konnte. Möglich, ja sogar wahrscheinlich, dass nicht jedem mit dieser eigentümlichen Doppelaussicht gedient gewesen wäre; der Frau von Poggenpuhl aber, einer geborenen Pütter – aus einer angesehenen, aber armen Predigerfamilie stammend –, passte jede der beiden Aussichten gleich gut, die Frontaussicht, weil die etwas sentimental angelegte Dame gern vom Sterben sprach, die Rückfrontaussicht auf die Kulmstraße aber, weil sie be-

ständig an Husten litt und aller Sparsamkeit ungeachtet zu gutem Teile von Gerstenbonbons und Brustkaramellen lebte. Jedes Mal, wenn Besuch kam, wurde denn auch von den großen Vorzügen dieser Wohnung gesprochen, deren einziger wirklicher Vorzug in ihrer großen Billigkeit und in der vor mehreren Jahren schon durch Rentier Nottebohm gemachten Zusicherung bestand, dass die Frau Majorin nie gesteigert werden würde. »Nein, Frau Majorin«, so etwa hatte sich Nottebohm damals geäußert, »was dieses angeht, so können Frau Majorin ganz ruhig sein und die Fräuleins auch. Gott, wenn ich so alles bedenke ... verzeihen Frau Majorin, das Manonchen war ja noch ein Quack, als Sie damals, zu Michaeli, hier einzogen ..., un als Sie dann Neujahr runterkamen und die erste Miete brachten und alles noch leer stand von wegen der nassen Wände, was aber ein Unsinn is, da sagte ich zu meiner Frau, denn wir hatten es damals noch nich: ›Line‹, sagte ich, ›das is Handgeld und bringt uns Glück.‹ Und hat auch wirklich. Denn von dasselbe Vierteljahr an war nie was leer, un immer reputierliche Leute – das muss ich sagen ... Und dann, Frau Majorin, wie werd ich denn grade bei Ihnen mit so was anfangen ... ich meine mit das Steigern. Ich war ja doch auch mit dabei; Donnerwetter, es war eine ganz verfluchte Geschichte. Hier sitzt mir noch die Kugel; aber der Doktor sagt: sie würde schon mal rausfallen und dann hätt ich ein Andenken.«
Und damit schloss Nottebohm eine Rede, wie er sie länger nie gehalten und wie sie die gute Frau Majorin nie freundlicheren Ohres gehört hatte. Das mit dem »Dabeigewesensein« aber bezog sich auf Gravelotte, wo Major von Poggenpuhl, spät gegen Abend, als die pommersche Divi-

sion herankam, an der Spitze seines Bataillons, in dem auch Nottebohm stand, ehrenvoll gefallen war. Er, der Major, hinterließ nichts als einen guten alten Namen und drei blanke Krönungstaler, die man in seinem Portemonnaie fand und später seiner Witwe behändigte. Diese drei Krönungstaler waren, wie das Erbe der Familie, so selbstverständlich auch der Stolz derselben, und als sechzehn Jahre später die erst etliche Monate nach dem Tode des Vaters geborene jüngste Tochter Manon konfirmiert werden sollte, waren aus den drei Krönungstalern – die bis dahin zu konservieren keine Kleinigkeit gewesen war – drei Broschen angefertigt und an die drei Töchter zur Erinnerung an diesen Einsegnungstag überreicht worden. Alles unter geistlicher Mitwirkung und Beihilfe. Denn Generalsuperintendent Schwarz, der die Familie liebte, war am Abend des Konfirmationstages in die Poggenpuhlsche Wohnung gekommen und hatte hier die in Gegenwart einiger alter Kameraden und Freunde stattfindende Broschenüberreichung fast zu einer kirchlichen Zeremonie, jedenfalls aber zu einer Feier erhoben, die sogar dem etwas groben und gegen die »Adelspackage« stark eingenommenen Portier Nebelung imponiert und ihn, wenn auch nicht geradezu bekehrt, so doch den wohlwollenden Gesinnungen seines Haus- und Brotherrn Nottebohm um etwas näher geführt hatte.

Wie sich von selbst versteht, war auch die Poggenpuhlsche Wohnungseinrichtung ein Ausdruck der Verhältnisse, darin die Familie nun mal lebte; von Plüschmöbeln existierte nichts und von Teppichen nur ein kleiner Schmiedeberger, der mit schwarzen, etwas ausgefusselten Wollfransen vor dem Sofa der zunächst am Korridor gelegenen und schon deshalb als Empfangssalon dienenden »guten Stube« lag. Entsprechend diesem Teppiche waren auch die schmalen, hier und dort gestopften Gardinen; alles aber war sehr sauber und ordentlich gehalten, und ein mutmaßlich aus einem alten märkischen Herrenhause herstammender, ganz vor kurzem erst auf einer Auktion erstandener, weißlackierter Pfeilerspiegel mit eingelegter Goldleiste lieh der ärmlichen Einrichtung trotz ihres Zusammengesuchtseins oder vielleicht auch um dessen willen etwas von einer erlöschenden, aber doch immerhin mal dagewesenen Feudalität.

Über dem Sofa derselben »guten Stube« hing ein großes Ölbildnis (Kniestück) des Rittmeisters von Poggenpuhl vom Sohrschen Husarenregiment, der 1813 bei Großgörschen ein Carré gesprengt und dafür den Pour le mérite erhalten hatte – der einzige Poggenpuhl, der je in der Kavallerie gestanden. Das halb wohlwollende, halb martialische Gesicht des Rittmeisters sah auf eine flache Glasschale hernieder, drin im Sommer Aurikeln und ein Vergissmeinnichtkranz, im Winter Visitenkarten zu liegen pflegten. An der andern Wand aber, genau dem Rittmeister gegenüber, stand ein Schreibtisch mit einem kleinen erhöhten Mittelbau, drauf, um bei Besuchen eine Art Gastlichkeit üben zu können, eine halbe Flasche Kapwein mit Likörgläschen thronte, beides, Flasche wie Gläschen, auf einem goldgeränderten Teller, der beständig klapperte.

Neben dieser »guten Stube« lag die einfensterige Wohnstube, daran sich nach hinten zu das sogenannte »Berliner Zimmer« anschloss, ein bloßer Durchgang, wenn auch im Übrigen geräumig, an dessen Längswand drei Betten standen, nur drei, trotzdem es eine viergliedrige Familie war. Die vierte Lagerstätte, von mehr ambulantem Charakter, war ein mit Rohr überflochtenes Sofagestell, drauf sich, wochenweis wechselnd, eine der zwei jüngeren Schwestern einzurichten hatte.

Hinter diesem »Berliner Saal« (Nottebohm selbst hatte den Grundriss dazu entworfen) lag die Küche mitsamt dem Hängeboden. Hier hauste das alte Dienstmädchen Friederike, eine treue Seele, die noch den gnädigen Herrn gekannt und als Vertraute der Frau Majorin alles Glück und Unglück des Hauses und zuletzt auch die Übersiedelung von Stargard nach Berlin mit durchgemacht hatte.

So wohnten die Poggenpuhls und gaben der Welt den Beweis, dass man auch in ganz kleinen Verhältnissen, wenn man nur die rechte Gesinnung und dann freilich auch die nötige Geschicklichkeit mitbringe, zufrieden und beinahe standesgemäß leben könne, was selbst von Portier Nebelung, allerdings unter Kopfschütteln und mit einigem Widerstreben, zugegeben wurde. Sämtliche Poggenpuhls – die Mutter freilich weniger – besaßen die schöne Gabe, nie zu klagen, waren lebensklug und rechneten gut, ohne dass sich bei diesem Rechnen etwas störend Berechnendes gezeigt hätte.

Darin waren sich die drei Schwestern gleich, trotzdem ihre sonstigen Charaktere sehr verschieden waren.

Therese, schon dreißig, konnte (was denn auch redlich geschah) auf den ersten Blick für unpraktisch gelten und schien von allerhand kleinen Künsten eigentlich nur die eine, sich in einem Schaukelstuhle gefällig zu wiegen, gelernt zu haben; in Wirklichkeit aber war sie geradeso lebensklug wie die beiden jüngeren Schwestern und bebaute nur ein sehr andres Feld. Es war ihr, das stand ihr fest, ihrer ganzen Natur nach die Aufgabe zugefallen, die Poggenpuhlsche Fahne hochzuhalten und sich mehr, als es durch die Schwestern geschah, in die Welt, in die die Poggenpuhls nun mal gehörten, einzureihen. In den Generals- und Ministerfamilien der Behren- und Wilhelmstraße war sie denn auch heimisch und erzielte hier allemal große Zustimmung und Erfolge, wenn sie beim Tee von ihren jüngeren Schwestern und deren Erlebnissen in der »seinwollenden Aristokratie« spöttisch lächelnd berichtete. Selbst der alte Kommandierende, der, im Ganzen genommen, längst aufgehört hatte, sich durch irgendetwas Irdisches noch besonders imponieren zu lassen, kam dann in eine vergnüglich liebenswürdige Heiterkeit, und der der Generalsfamilie befreundete, schräg gegenüber wohnende Unterstaatssekretär, trotzdem er selber von allerneuestem Adel war (oder vielleicht auch eben deshalb), zeigte sich dann jedes Mal hingerissen von der feinen Malice des armen, aber standesbewussten Fräuleins. Eine weitere Folge dieser gesellschaftlichen Triumphe war es, dass Therese, wenn es irgendetwas zu bitten gab, auch tatsächlich bitten durfte, wobei sie, wie bemerkt werden muss, nie für sich selbst oder aber, klug abwägend, immer nur um solche Dinge petitionierte, die man mühelos gewähren konnte, was dann dem Gewährenden eine ganz spezielle Befriedigung gewährte.

So war Therese von Poggenpuhl.

Sehr anders erwiesen sich die beiden jüngeren Schwes-

tern, die, den Verhältnissen und der modernen Welt sich anbequemend, bei ihrem Tun sozusagen in Kompagnie gingen.
Sophie, die zweite, war die Hauptstütze der Familie, weil sie das besaß, was die Poggenpuhls bis dahin nicht ausgezeichnet hatte: Talente. Möglich, dass diese Talente bei günstigeren Lebensverhältnissen einigermaßen zweifelvoll angesehen und mehr oder weniger als »unstandesgemäß« empfunden worden wären, bei der bedrückten Lage jedoch, in der sich die Poggenpuhls befanden, waren diese natürlichen Gaben Tag für Tag ein Glück und Segen für die Familie. Selbst Therese gab dies in ihren ruhigeren Momenten zu. Sophie – auch äußerlich von den Schwestern verschieden, sie hatte ein freundliches Pudelgesicht mit Löckchen – konnte eigentlich alles; sie war musikalisch, zeichnete, malte, dichtete zu Geburtstagen und Polterabenden und konnte einen Hasen spicken; aber alles dies, so viel es war, hätte für die Familie doch nur die halbe Bedeutung gehabt, wenn nicht neben ihr her noch die jüngste Schwester gewesen wäre, Manon, das Nesthäkchen.
Manon, jetzt siebzehn, war, im Gegensatze zu Sophie, ganz ohne Begabung, besaß aber dafür die Gabe, sich überall beliebt zu machen, vor allem in Bankierhäusern, unter denen sie die nichtchristlichen bevorzugte, so namentlich das hochangesehene Haus Bartenstein. Bei dem Kindersegen der Mehrzahl dieser Häuser war nie Mangel an angehenden Backfischen, die mit den Anfängen irgendeiner Kunst oder Wissenschaft bekannt gemacht werden sollten, und ein über die verschiedensten Disziplinen angestrengtes längeres oder kürzeres Gespräch

endete regelmäßig mit der leicht hingeworfenen Bemerkung Manons: »Ich halte es für möglich, dass meine Schwester Sophie da aushelfen kann«, eine Bemerkung, die sie gern machen durfte, weil Sophie tatsächlich vor nichts erschrak, nicht einmal vor Physik und Spektralanalyse.

So war die Rollenverteilung im Hause Poggenpuhl, aus der sich, wie schon angedeutet, allerlei finanzielle Vorteile herausstellten, Vorteile, die zuzeiten nicht unbeträchtlich über die kleine Pension hinauswuchsen, die den eisernen Einnahmebestand der Familie bildete. Sämtliche drei junge Damen vergaben sich dabei nicht das Geringste, waren vielmehr (besonders die zwei jüngeren) ebenso leichtlebig wie dankbar, vermieden es taktvoll, in geschmacklose Huldigungen oder gar in Schmeichelei zu verfallen, und standen überall in Achtung und Ansehen, weil ihr Tun, und das war die Hauptsache, von einer großen persönlichen Selbstlosigkeit begleitet war. Sie brauchten wenig, wussten sich, zumal auf dem Gebiete der Toilette – was aber ein gefälliges Erscheinen nicht hinderte –, mit einem Minimum zu behelfen und lebten in ihren Gedanken und Hoffnungen eigentlich nur für die »zwei Jungens«, ihre Brüder, Wendelin und Leo, von denen jener schon ein älterer Premier über dreißig, dieser ein junger Dachs von kaum zweiundzwanzig war. Beide, wie sich das von selbst verstand, waren in das hinterpommersche, neuerdings übrigens nach Westpreußen verlegte Regiment eingetreten, drin schon ihr Vater seine Laufbahn begonnen und am denkwürdigen 18. August in Ruhm und Ehre beschlossen hatte.

Diesen Ruhm der Familie womöglich noch zu steigern war das, was die schwesterliche Trias mit allen Mitteln anstrebte.
Hinsichtlich Wendelins, der ihrem eigenen Bemühen in allen Stücken entgegenkam, besonders auch darin, dass er zu sparen verstand, hinsichtlich dieses älteren Bruders unterlag das Erreichen höchster Ziele kaum einem Zweifel. Er war klug, nüchtern, ehrgeizig, und soviel durch Aufhorchen in dem militär-exzellenzlichen Hause zur Kenntnis Theresens gekommen war, konnte sich's bei Wendelin eigentlich nur noch darum handeln, ob er demnächst in das Kriegsministerium oder in den Generalstab abkommandiert werden würde. Nicht so glücklich stand es mit Leo, der, weniger beanlagt als der ältere Bruder, nur der »Schneidigkeit« zustrebte. Zwei Duelle, von denen das eine einem Gerichtsreferendarius einen Schuss durch beide Backen und den Verlust etlicher Oberzähne eingetragen hatte, schienen ein rasches Sichnähern an sein Schneidigkeitsideal zu verbergen und hätten ebenso gut wie Wendelins Talente zu großen Hoffnungen berechtigen dürfen, wenn nicht das Gespenst der Entlassung wegen beständig anwachsender Schulden immer nebenher geschritten wäre. Leo, der Liebling aller, war zugleich das Angstkind, und immer wieder zu helfen und ihn vor einer Katastrophe zu bewahren, darauf war alles Dichten und Trachten gerichtet. Kein Opfer erschien zu groß, und wenn die Mutter auch gelegentlich den Kopf schüttelte, für die Töchter unterlag es keinem Zweifel, dass Leo, »wenn es nur möglich war, ihn bis zu dem entsprechenden Zeitpunkt zu halten«, die nächste große Russenschlacht, das Zorndorf

der Zukunft, durch entscheidendes Eingreifen gewinnen würde.
»Aber er ist ja nicht Garde du Corps«, sagte die Mama.
»Nein. Aber das ist auch gleichgültig. Die nächste Schlacht bei Zorndorf wird durch Infanterie gewonnen werden.«

Der Stechlin
Drittes Kapitel

Major a. D. Dubslav von Stechlin erhält Besuch von seinem Sohn Woldemar aus Berlin, der zwei Regiments-Freunde mitbringt. Ihnen zu Ehren gibt er ein Diner, zu dem Nachbarn und Provinzhonoratioren erscheinen.

Engelke schlug unten im Flur zwei Mal an einen alten, als Tamtam fungierenden Schild, der an einem der zwei vorspringenden und zugleich die ganze Treppe tragenden Pfeiler hing. Eben diese zwei Pfeiler bildeten denn auch mit dem Podest und der in Front desselben angebrachten Rokokouhr einen zum Gartensalon, diesem Hauptzimmer des Erdgeschosses, führenden, ziemlich pittoresken Portikus, von dem ein auf Besuch anwesender hauptstädtischer Architekt mal gesagt hatte: sämtliche Bausünden von Schloss Stechlin würden durch diesen verdrehten, aber malerischen Einfall wiedergutgemacht.
Die Uhr mit dem Hippenmann schlug gerade sieben, als Rex und Czako die Treppe herunterkamen und, eine Biegung machend, auf den von berufener Seite so glimpflich beurteilten sonderbaren Vorbau zusteuerten. Als die Freunde diesen passierten, sahen sie – die Türflügel waren schon geöffnet – in aller Bequemlichkeit in den Salon hinein und nahmen hier wahr, dass etliche, ihnen zu Ehren geladene Gäste bereits erschienen waren. Dubslav, in dunkelm Oberrock und die Bändchenrosette sowohl des preußischen wie des wendischen Kronenordens im

Knopfloch, ging den Eintretenden entgegen, begrüßte sie nochmals mit der ihm eignen Herzlichkeit, und beide Herren gleich danach in den Kreis der schon Versammelten einführend, sagte er: »Bitte die Herrschaften miteinander bekannt machen zu dürfen: Herr und Frau von Gundermann auf Siebenmühlen, Pastor Lorenzen, Oberförster Katzler«, und dann, nach links sich wendend, »Ministerialassessor Rex, Hauptmann von Czako vom Regiment Alexander.« Man verneigte sich gegenseitig, worauf Dubslav zwischen Rex und Pastor Lorenzen, Woldemar aber, als Adlatus seines Vaters, zwischen Czako und Katzler eine Verbindung herzustellen suchte, was auch ohne Weiteres gelang, weil es hüben und drüben weder an gesellschaftlicher Gewandtheit noch an gutem Willen gebrach. Nur konnte Rex nicht umhin, die Siebenmühlener etwas eindringlich zu mustern, trotzdem Herr von Gundermann in Frack und weißer Binde, Frau von Gundermann aber in geblümtem Atlas mit Marabufächer erschienen war – er augenscheinlich Parvenü, sie Berlinerin aus einem nordöstlichen Vorstadtgebiet.
Rex sah das alles. Er kam aber nicht in die Lage, sich lange damit zu beschäftigen, weil Dubslav eben jetzt den Arm der Frau von Gundermann nahm und dadurch das Zeichen zum Aufbruch zu der im Nebenzimmer gedeckten Tafel gab. Alle folgten paarweise, wie sie sich vorher zusammengefunden, kamen aber durch die vonseiten Dubslavs schon vorher festgesetzte Tafelordnung wieder auseinander. Die beiden Stechlins, Vater und Sohn, platzierten sich an den beiden Schmalseiten einander gegenüber, während zur Rechten und Linken von Dubslav Herr und Frau von Gundermann, rechts und links von

Woldemar aber Rex und Lorenzen saßen. Die Mittelplätze hatten Katzler und Czako inne. Neben einem großen alten Eichenbüfett, ganz in Nähe der Tür, standen Engelke und Martin, Engelke in seiner sandfarbenen Livree mit den großen Knöpfen, Martin, dem nur oblag, mit der Küche Verbindung zu halten, einfach in schwarzem Rock und Stulpstiefeln.

Der alte Dubslav war in bester Laune, stieß gleich nach den ersten Löffeln Suppe mit Frau von Gundermann vertraulich an, dankte ihr für ihr Erscheinen und entschuldigte sich wegen der späten Einladung: »Aber erst um zwölf kam Woldemars Telegramm. Es ist das mit dem Telegraphieren solche Sache, manches wird besser, aber manches wird auch schlechter, und die feinere Sitte leidet nun schon ganz gewiss. Schon die Form, die Abfassung. Kürze soll eine Tugend sein, aber sich kurz fassen, heißt meistens auch, sich grob fassen. Jede Spur von Verbindlichkeit fällt fort, und das Wort ›Herr‹ ist beispielsweise gar nicht mehr anzutreffen. Ich hatte mal einen Freund, der ganz ernsthaft versicherte: ›Der hässlichste Mops sei der schönste‹; so lässt sich jetzt beinahe sagen: ›Das gröbste Telegramm ist das feinste‹. Wenigstens das in seiner Art vollendetste. Jeder, der wieder eine neue Fünfpfennigersparnis herausdoktert, ist ein Genie.«

Diese Worte Dubslavs hatten sich anfänglich an die Frau von Gundermann, sehr bald aber mehr an Gundermann selbst gerichtet, weshalb dieser Letztere denn auch antwortete: »Ja, Herr von Stechlin, alles Zeichen der Zeit. Und ganz bezeichnend, dass gerade das Wort ›Herr‹, wie Sie schon hervorzuheben die Güte hatten, so gut wie abgeschafft ist. ›Herr‹ ist Unsinn geworden, ›Herr‹ passt den Herren nicht mehr – ich meine natürlich die, die jetzt die Welt regieren wollen. Aber es ist auch danach. Alle diese Neuerungen, an denen sich leider auch der Staat beteiligt, was sind sie? Begünstigungen der Unbotmäßigkeit, also Wasser auf die Mühlen der Sozialdemokratie. Weiter nichts. Und niemand da, der Lust und Kraft hätte, dies Wasser abzustellen. Aber trotzdem, Herr von Stechlin – ich würde nicht widersprechen, wenn mich das Tatsächliche nicht dazu zwänge –, trotzdem geht es nicht ohne Telegraphie, gerade hier in unsrer Einsamkeit. Und dabei das beständige Schwanken der Kurse. Namentlich auch in der Mühlen- und Brettschneidebranche …«

»Versteht sich, lieber Gundermann. Was ich da gesagt habe … Wenn ich das Gegenteil gesagt hätte, wäre es ebenso richtig. Der Teufel is nich so schwarz, wie er gemalt wird, und die Telegraphie auch nicht, und wir auch nicht. Schließlich ist es doch was Großes, diese Naturwissenschaften, dieser elektrische Strom, tipp, tipp, tipp, und wenn uns daran läge (aber uns liegt nichts daran), so könnten wir den Kaiser von China wissen lassen, dass wir hier versammelt sind und seiner gedacht haben. Und dabei diese merkwürdigen Verschiebungen in Zeit und Stunde. Beinahe komisch. Als anno siebzig die Pariser Septemberrevolution ausbrach, wusste man's in Amerika drüben um ein paar Stunden früher, als die Revolution überhaupt da war. Ich sagte: Septemberrevolution. Es kann aber auch 'ne andre gewesen sein; sie haben da so viele, dass man sie leicht verwechselt. Eine war im Juni, 'ne andre war im Juli – wer nich ein Bombengedächtnis hat, muss da notwendig reinfallen … Engelke, präsentiere der gnädigen Frau den Fisch noch mal. Und vielleicht nimmt auch Herr von Czako ...«

»Gewiss, Herr von Stechlin«, sagte Czako. »Erstlich aus reiner Gourmandise, dann aber auch aus Forschertrieb oder Fortschrittsbedürfnis. Man will doch an dem, was gerade gilt oder überhaupt Menschheitsentwicklung bedeutet, auch seinerseits nach Möglichkeit teilnehmen, und da steht denn Fischnahrung jetzt obenan. Fische sollen außerdem viel Phosphor enthalten, und Phosphor, so heißt es, macht ›helle‹.«

»Gewiss«, kicherte Frau von Gundermann, die sich bei dem Wort »helle« wie persönlich getroffen fühlte. »Phosphor war ja auch schon, eh die Schwedischen aufkamen.«

»Oh, lange vorher«, bestätigte Czako. »Was mich aber«, fuhr er, sich an Dubslav wendend, fort, »an diesen Karpfen noch ganz besonders fesselt – beiläufig ein Prachtexemplar –, das ist das, dass er doch höchstwahrscheinlich aus Ihrem berühmten See stammt, über den ich durch Woldemar, Ihren Herrn Sohn, bereits unterrichtet bin. Dieser merkwürdige See, dieser Stechlin! Und da frag' ich mich denn unwillkürlich (denn Karpfen werden alt; daher beispielsweise die Mooskarpfen), welche Revolutionen sind an diesem hervorragenden Exemplar seiner Gattung wohl schon vorübergegangen? Ich weiß nicht, ob ich ihn auf hundertfünfzig Jahre taxieren darf, wenn aber, so würde er als Jüngling die Lissaboner Aktion und als Urgreis den neuerlichen Ausbruch des Krakatowa mitgemacht haben. Und all das erwogen, drängt sich mir die Frage auf ...«

Dubslav lächelte zustimmend.

»… Und all das erwogen, drängt sich mir die Frage auf, wenn's nun in Ihrem Stechlinsee zu brodeln beginnt oder gar die große Trichterbildung anhebt, aus der dann und wann, wenn ich recht gehört habe, der krähende Hahn aufsteigt, wie verhält sich da der Stechlinkarpfen, dieser doch offenbar Nächstbeteiligte, bei dem Anpochen derartiger Weltereignisse? Beneidet er den Hahn, dem es vergönnt ist, in die Ruppiner Lande hineinzukrähen, oder ist er umgekehrt ein Feigling, der sich in seinem Moorgrund verkriecht, also ein Bourgeois, der am anderen Morgen fragt: ›Schießen sie noch?‹«

»Mein lieber Herr von Czako, die Beantwortung Ihrer Frage hat selbst für einen Anwohner des Stechlin seine Schwierigkeiten. Ins Innere der Natur dringt kein erschaffener Geist. Und zu dem Innerlichsten und Verschlossensten zählt der Karpfen; er ist nämlich sehr dumm. Aber nach der Wahrscheinlichkeitsrechnung wird er sich beim Eintreten der großen Eruption wohl verkrochen haben. Wir verkriechen uns nämlich alle. Heldentum ist Ausnahmezustand und meist Produkt einer Zwangslage. Sie brauchen mir übrigens nicht zuzustimmen, denn Sie sind noch im Dienst.«

»Bitte, bitte«, sagte Czako.

Verzeiht

Verzeiht den Anekdotenkram
Und dass niemals ich einen »Anlauf« nahm,
Auch niemals mit den Göttern grollte,
Nicht mal den Staat verbessern wollte,
Nicht mal mit »sexuellen Problemen«
Gelegenheit nahm mich zu benehmen.

Der fasst es so, *der* anders an,
Man muss nur wollen, was man kann;
Mir würde der Weitsprung nicht gelingen,
So blieb ich denn bei den näheren Dingen,
Drei Schritte bloß – – ich weiß, es ist nicht viel,
Aber Freude gibt jedes erreichte Ziel.

Zu dieser Auswahl

Ein Brevier ist laut Wörterbuch eine »kurze Sammlung wichtiger Stellen aus den Werken eines Dichters«. Das Werk von Theodor Fontane ist so umfassend und vielgestaltig, dass es schwerfallen würde, darin die besonders »wichtigen« Stellen ausfindig zu machen und in eine plausible Abfolge zu bringen, unter Weglassung von vermeintlich weniger Wichtigem. Kurz gesagt: Es geht nicht. Denn was ist wirklich wichtig an Fontane, also für heutige Leserinnen und Leser noch von echtem Interesse? Es ist wohl vor allem sein genuiner Sinn für Sprache, für ihr Tempo, ihren Duktus und Sound. Ihn nutzt er, um Charaktere und Typen zu erschaffen, in deren Reden und Handeln seine Zeit gespiegelt wird. Darüber hinaus ist es seine Witzigkeit, seine diskrete Ironie, mit der er auf die Welt und die sie bevölkernden Gestalten blickt. Wer sich der typischen Gangart seines Erzählens anheimgibt, kann Fontane heute mit großer Freude lesen, selbst wenn es um Themen und Positionen geht, die sich überlebt haben. Und mit denen ist sein Werk gut gefüllt.

Diese Auswahl versammelt Auszüge aus Fontanes Romanen, seiner Lyrik, seinen Berichten, Feuilletons und Briefen – grob chronologisch und in der Absicht, ansatzweise die Entwicklung dieses Werks nachzuzeichnen. Die Lesestücke möchten zudem, dass der Mensch aus ihnen hervortritt, der dies alles geschrieben hat: Theodor Fontane, der Sohn, Ehemann und Vater, der Reisende und Rastlose, der Scharfsichtige und Freischwebende, der

Mann mit dem sicheren Urteil und dem starken Zweifel. Der Kern einer Sache verbirgt sich bei Fontane oft genug im Nebensächlichen, Beiläufigen. Sein großes Roman-Spätwerk ist im Grunde aus fast nichts anderem gebaut und darin noch immer modern.
Beim Auswählen wurde auf Verständlichkeit geachtet. Oft bohren sich Fontanes Figuren und ihr Autor in einer Weise tief in die Historie hinein, die sich heute kaum noch erschließt, und das gilt auch für die in vielen Gedichten aufgerufenen Zeiten und Welten; entsprechende Texte wurden vermieden. Die Auszüge in diesem Band sollen möglichst zugänglich sein, auch wenn sich gewiss manche historische Distanz einstellt. Theodor Fontane ist dennoch der wohl eingängigste deutsche Schriftsteller des 19. Jahrhunderts, denn bei ihm ist man immer live dabei im Geschehen. Er lässt Figuren entstehen, deren Wünsche und Hoffnungen, Ambitionen und Fehler vertraut erscheinen. Bei ihm wandeln vielerlei Menschen durch ihre Zeit wie wir durch unsere, auch wenn wir Heutigen anders gekleidet sind und in einigen Dingen weiter sein mögen. Doch Herz und Verstand, diese alten Instanzen, sind bei Fontane ganz gegenwärtig und immer hellwach.

Quellen

»Unsere Ruppiner Tage« und »Wie wir in die Schule gingen und lernten« aus: *Meine Kinderjahre. Autobiographischer Roman*, Berlin 1893.

»Neuruppin. 1. Ein Gang durch die Stadt. Die Klosterkirche« aus: *Wanderungen durch die Mark Brandenburg.* Erster Teil, Berlin 1862.

»Berlin 1840. In der Wilhelm Roseschen Apotheke (Spandauer Straße)« aus: *Von Zwanzig bis Dreißig. Autobiographisches*, Berlin 1898.

Brief von Theodor Fontane an Wilhelm Wolfsohn, 10. November 1847 aus: *Theodor Fontanes Briefwechsel mit Wilhelm Wolfsohn*, Berlin, Weimar 1988.

Gedichte: Wunsch, um 1841/42 – An Emilie, 1851 – An George Fontane, 1852 – Wurzels, 1891–97 – Jan Bart, 1858.

»London« aus: *Englische Tagebücher.* Sämtliche Werke Bd. XVII: *Aus England und Schottland*, München 1963.

»Richmond« aus: *Ein Sommer in London*, Dessau 1854.

»Von London bis Edinburgh« aus: *Jenseit des Tweed. Bilder und Briefe aus Schottland*, Berlin 1860.

Auszüge aus dem Ehebriefwechsel aus Emilie und Theodor Fontane: *Der Ehebriefwechsel.* Hg. von Gotthard Erler unter Mitwirkung von Therese Erler. 3 Bde, Berlin 1998.

»Rückblicke« aus: *Kriegsgefangen. Erlebtes 1870*, Berlin 1871.

»Nach der Sommerfrische« und »Kassel« aus: *Aus den Tagen der Okkupation. Eine Osterreise durch Nordfrankreich und Elsass-Lothringen*, Berlin 1871/72.

»Das Belvedère im Schlossgarten zu Charlottenburg« aus: *Wanderungen durch die Mark Brandenburg.* Dritter Teil, Berlin 1873.

»Modernes Reisen. Eine Plauderei«, 1873 aus: Sämtliche Werke Bd. XVIII: *Unterwegs und wieder daheim*, München 1972.

»Parkettplatz Nr. 23« aus: Sämtliche Werke Bd. XV: *Von Zwanzig bis Dreißig. Autobiographisches. Nebst anderen selbstbiographischen Zeugnissen*, München 1967.

»Friedrich Schiller: Die Räuber«, Aufführung vom 27.4.1878; Kritik vom 30. 4. 1878 aus: *Theaterkritik* Bd. 2: 1878–1882. Hg. von Debora Helmer und Gabriele Radecke, Berlin 2018.

»Vierzig Jahre später. Ein Intermezzo« aus: *Meine Kinderjahre*, Berlin 1894.

Kapitel 8 aus *Vor dem Sturm. Roman aus dem Winter 1812 auf 13*, Berlin 1878.

Auszüge aus *Allerlei Glück*, entstanden um 1878/79 aus: *Sämtliche Romane, Erzählungen, Gedichte. Nachgelassenes.* Hg. von Walter Keitel und Helmuth Nürnberger. Siebenter Band, München, Wien 1984.

Kapitel 5 aus *Irrungen, Wirrungen*, Leipzig 1880.

Briefe an Emil Schiff und Georg Friedlaender aus Otto Drude (Hg.): *Fontane. Ein Leben in Briefen*, Frankfurt/M. 1981.

Kapitel 6 aus *Unwiederbringlich*, Berlin 1891.

Kapitel 7 aus *Frau Jenny Treibel oder »Wo sich Herz zum Herzen find't«*, Berlin 1892.

Aus *Mathilde Möhring*, unvollendetes Romanprojekt, entstanden 1895/96, aus dem Nachlass erstmals publiziert Berlin 1906.

Kapitel 11 aus *Effi Briest*, Berlin 1896.

Gedichte: John Maynard, 1886 – Herr von Ribbeck auf Ribbeck im Havelland, 1889 – Luren-Konzert, 1895 – Was ich wollte, was ich wurde, 1898 – Was mir gefällt, ca. 1885–88 – Ja, das möcht ich noch erleben, um 1890.

Kapitel 1 aus *Die Poggenpuhls*, Berlin 1896.

Kapitel 3 aus *Der Stechlin*, Berlin 1898.

Gedicht: Verzeiht, 1890/91.